学校が元気になるファシリテーター入門講座

小・中学校教員向け

15日で学ぶスキルとマインド

ちょんせいこ

解放出版社

まえがき

前作、『人やまちが元気になるファシリテーター入門講座――17日で学ぶスキルとマインド』（解放出版社）の発行から約二年が過ぎました。この本を引っさげて、いろんな現場に伺い、たくさんの人と「ファシリテーション」という耳慣れない言葉を共有しながら、人やまちが元気になる取り組みを進めてきました。その一つに教育現場＝学校があります。

自分の歩んできた道をふりかえると、学校はたくさんの友だちと出会い、楽しいことや苦しいことを経験する場でした。教科の学習はもちろんのこと、仲のいい友人を見つけて友情を深めたり、心ない言葉で傷つけ合ったり。気の合わない人とも「同じクラスになった」という理由だけで、一緒に行事に取り組んで「へ～、エエトコあるやん」と見直したりしたことは、社会に出るまでの準備段階として、貴重な学習でした。

隣の席に誰が座るのか。

たったそれだけのことで、通うのが楽しくも憂うつにもなる。先生のキャラ次第で明るくも暗くもなる教室。子どもの頃は、そんな一つひとつの出会いにドキドキしながら、成長を重ねてきました。みんなで「ヤッター」と声をあげた成功体験。思わず赤面する失敗体験。その両方をバランスよく繰り返し、積み重ねてきたことは、教科学習に負けず劣らずの大切な教育活動の一環であったのだ、と大人になった私にはわかります。

学校をおもしろくしよう。そのためには、「心の体力」を温めよう。

今、ゲスト講師として教室に立つとき、私は、まず、このキャッチフレーズを子どもたちと共有します。

寝る時間をのぞけば、子どもたちは一日の多くを学校で過ごします。学校がおもしろかったら、毎日が幸せです。逆に学校がおもしろくないと、毎日が重たくなります。その後の人生を含めて、学校は子どもたちの生き方に大きなかかわりをもちます。

学校をおもしろくするためには、教室のなかに良好なコミュニケーションがあればいい。

自分のことを話せたり、友だちの話がちゃんと聴ける。子ども同士のなかに「聴き合う関係」が育まれれば、授業も、クラブも、行事も、何気ない日常もきっと豊かになる。聴き合うことは＝学び合う＝つながり合う＝高め合うクラスに直結しています。

逆に、聴き合う関係がないと、自分のことを出せない。友だちのこともわからない。ちょっとのことで、即キレる、ムカつく。手も足も出る。友だちから揶揄《やゆ》されるのを避けるため、本来もつ力も発揮できない。わかっていることも「知らん」と答える、沈め合う集団になってしまいます。

自分のクラスや学年、学校が、高め合う集団になるのか、沈め合う集団になるのか。

これは、子どもにとっても、教師にとっても大きな問題です。

しかしながら、複雑化、多様化、個別化が進む現代は、学校が無策であれば、子どもたちの集団は沈め合いを加速します。教師は、尽きることのない現場対応に追われ、子どもたちもしらけていきます。教師も子どもも、自分や周囲のもつ力を信じることができなくなる。冷たい、荒れた、無関心な教室になっていきます。

それだけは、絶対に避けたい。うまくいく方法は、いくらでもあるはずです。

本書は、教室のなかに聴き合う関係を育み、「心の体力」を温めることで、子どもたちが、本来もつ力を引き出し合い、高め合い、学校が元気で豊かな学びの場になることを願って続けてきた、教育現場におけるファシリテーションの実践を整理したものです。内容は主に、教職員のチームビルドを高める学校経営におけるファシリテーションと子どもたちを対象としたエンパワメントな教室づくりの二つで構成されています。

ファシリテーションは、教職員が一つのチームになって、役割分担し、連携しながら、子どもの育ちや学びを育むのに有効な技術です。トップダウンの管理にはまねできない。教職員や子どもたちが「学校の当事者」として参画し、活躍する集団マネジメントのプロセスを上手にデザインします。

教室を楽しく豊かな学びの場にするためには、職員室が楽しく豊かな学びの場であることが前提。高め合う職員室から、高め合う教室へ。このつながりと循環を生み出すために、ファシリテーションを活用してみませんか。

本書が、小、中学校で奮闘するみなさんの一助になれば幸いです。

＊「子どもの権利条約」では一八歳未満を「子ども」とし、子どもを保護の主体としてのみならず、権利の主体としています。本書では児童・生徒を総称して「子ども」と表記します。本書は主に小、中学校におけるファシリテーションについて説明しています。

＊大阪人の私にとっては、高め合う＝おもしろいです。

＊ファシリテーション〔facilitation〕：〔容易にすること・助長などの意〕組織や集団による問題解決や合意形成、学習促進などのコミュニケーション活動において、協働的・創造的な議論や話し合いのプロセスを設計・マネジメントすること。また、その技法。〔会議やワークショップにおいて参加者の主体性を育み、コミュニケーションを活性化させ、多様な意見の交換のなかから新たな発見や可能性、アイデアを見出すことを促し、個々の知恵を創造的な成果に結び付けていくことを支援する。自律分散協調型（ネットワーク型）の組織において重視される手法で、ビジネスや社会活動などの分野で取り入れられている〕（『スーパー大事林』三省堂、二〇〇七年）

＊ホワイトボードや会議の記録に出てくる名前はダミーです。

＊一二八頁、一二九頁の佐藤先生の学級通信は、生徒の名前を出して、しっかり褒めていることが「ウリ」ですが、本書では名前を消して紹介しています。

学校が元気になるファシリテーター入門講座——15日で学ぶスキルとマインド●もくじ

装幀・装画……畑佐 実
本文イラスト……おおもとのりこ
本文レイアウト…伊原秀夫

1日目 Lesson1

なぜ、ファシリテーション? だからファシリテーション

子どもたちの生きる力(=自己選択、自己決定する力)を育む

まずは簡単な自己紹介から始めます。

私の名前はちょんせいこです。「ちょん」という名前は漢字で書くと「鄭」。日本語では「てい」と読む韓国の名前です。日本生まれ、日本育ちの日本人ですが、結婚後、同じく日本生まれ、日本育ちの韓国籍の夫の姓に変更しました。しばらく悩んだ末、この名前に決めたのは、約二〇年前のことです。

高校生と中学生の息子たちは、韓国籍の夫と日本国籍の私の間に生まれたので、現在は、二重国籍。二二歳までに、どちらの国籍で生きるのかを自分で選んで、自分で決めます。

自己選択、自己決定。

国籍選択の機会を得る人は、そう多くはないかもしれませんが、同様に、私たちは人生の岐路に立ったとき、自分の進む道を自己選択、自己決定しながら生きていきます。進学、就職、結婚、出産、マイホーム、親の介護、老後の暮らし等々。人生にはたくさんの岐路があり、そのつど、私たちは自己選

択、自己決定を繰り返しながら、「自分らしく生きる」ことを体現します。

日々の暮らしのなかにも、自己選択、自己決定はあります。朝はコーヒーにするのか、紅茶にするのか。赤い服を着ていくのか、緑の服にするのか。電車で行くか、バスで行くかなど。私たちは日々、たくさんの自己選択、自己決定をしながら自分らしく生きています。

たとえば、これが「オンナだから○○しなさい」「長男だから○○すべき」「あなたは、障がい者だから○○はやめておきなさい」と自分の意思とは違うところで決めつけられ、道を阻まれると、私たちは「自分らしく生きることを否定された＝人権を侵害された」と感じます。

自分の人生を自己選択、自己決定して生きることは、人権が尊重されている最も基本的なスタイルです。子どものときから、日々の暮らしや学級活動のなかで、自己選択、自己決定を積み上げていくことは、その後の人生を生きる力に大きく直結しています。

「心の体力」を温めるエンパワメントなアプローチ

ところが、今、あちこちの学校現場をまわっていると、この自己選択、自己決定がむずかしい。そう感じる場面が多いです。

自己選択、自己決定しながら自分らしく生きるときには「心の体力」が必要です。「心の体力」が十分に温まっていれば、選んだ道が困難でも「よし、乗り越えてみよう」と思いやすい。どうすれば、課題をクリアできるのか。知恵や工夫を得るために、先人の経験や知識に学び、自分なりの方法を考えてトライできます。他者の力を借りたり、必要であれば休憩しながらチャレンジする。たとえ、失敗しても、さらに大きな学びを得ることすら可能です。「心の体力」は、「私らしく」生きることを支えてくれるエネルギーです。

逆に「心の体力」が冷めていると、すぐに気持ちがポシャってしまいます。

「親が決めたから」「先生が言ったから」「どうせやっても無理」。子どもたちの口からは、自分不在の言葉がこぼれ、意欲的に挑戦するのがむずかしい。「どっちにする？」と選択肢を示しても、「微妙～」と返事がはっきりしないこともよくあります。さらに冷め切ると、夢や希望をもつことすらできなくなります。心は無気力化し、自分の力を信じることや、自分らしく生きること、幸せを願うことすら放棄してしまう。深みや厚みのないインスタントな快感や温情、暴力、暴言の支配に取り込まれてしまいます。

「心の体力」を温め、自分が本来もつ力を発揮して生きることをエンパワメントといいます。今、子どもたちと一緒にいると「心の体力が冷めているなあ」と感じることが多いです。いえ、子どもだけではありません。教師や保護者も、エンパワメントが必要です。

権利と権利は衝突する

一方で、一人ひとりが自分らしく生きようとすると、必ずといっていいほど、権利と権利の衝突が起こります。Aさんの権利が尊重されれば、Bさんの権利は侵害される。一方の利益は、もう一方の不利益。

私たちはこの権利と権利の衝突を繰り返しながら、人と共に生きていきます。そういうものです。

たとえば、私は出産後も働くという選択をしました。私の女性としての地位向上、好きな仕事を続けて自分らしく生きる権利は果たされましたが、幼かった息子たちが家族と安心して暮らす権利は侵害されました。

人手不足があたりまえの小さな福祉作業所に勤めていた頃。保育所から「子どもが熱を出したから、すぐに迎えに来てください」とよく電話がありました。迎えに行こうにも、職場を出るのがむずかしい。とりあえず急いで仕事を片付け、自分の代わりを託す人を確保して職場を出る頃には、ずいぶんと時間がたってしまいます。

いろんな調整をつけている間、頭のなかではいろんな思いがグルグルと回り、私の「心の体力」は、ドンドン冷めていきます。


なんでうちの作業所は、いつも人手不足なんや。

ホンマに日本の福祉制度は貧しい。

たびたび休んで同僚に申し訳ない。でも、どうすることもでけへん。

こんな思いしてまで、私は働かなあかんのか。

早く迎えに行かないとあかん、子どもが可哀そう。でも段取りをつけな、出られへん。

もう仕事は辞めたほうがいいのとちがうか、等々。

どこにももっていき場のない思いが心のなかでとぐろを巻いてくると、やがて「何もかも全部、私が悪いんや」という気持ちが支配していきます。私は本来、大切な存在であるはずなのに、何の価値もない無力な存在に思えてくる。自分へのディスカウントが進みます。

やっとすべてを整えて、泣きそうになりながら自転車をこいで保育所に到着し、熱で真っ赤になった息子を先生から受け取ったとき。本当なら、「しんどかったな。遅なってごめんな」と優しい言葉を子どもにかけたいと思っていても、「心の体力」が冷め切った私の口からついて出る言葉は、「何で熱出すんや。せめて明日やったら、仕事、何とかなったのに！」でした。何とも理不尽な言葉ですが、「心の体力」が冷め切ると、言葉は荒れて、冷たいものになります。冷めた心から温かい言葉は出てきません。私が一生懸命、働けば働くほど、幼かった子どもたちが家族と一緒にいる権利は侵害されていきました。

このように、どちらかの権利が尊重されると、もう一方の権利が侵害される「権利と権利の衝突」は、日常的にあります。親と子。妻と夫。職場の同僚。同じクラスの友だち同士。それぞれ、正しいことを言っている。でも、一方の主張が尊重されれば、もう一方の主張は退けられる。大なり小なり、私たちの暮らしは権利と権利の衝突に満ちあふれ、これを繰り返すことで共に生きていくのです。

だからファシリテーション

日常的に起こる権利と権利の衝突。ここを超えて、それぞれが自分らしく共に生きていくためには、共通のルールが必要になります。

共通のルールをつくるときには、良好なコミュニケーションがあるのが望ましい。

日頃から良好なコミュニケーションがあれば、衝突が大きくても、課題解決に共に取り組むことができます。ところが、もともとのコミュニケーションが悪いと、「お前の言い方が悪い」「そっちこそ、腹立つ言い方や」など、本来の衝突原因からかけ離れたところで問題が拡大していきます。

そこで提案するのがファシリテーションです。ファシリテーションは異なる立場の利害対立が起こるような場面で、良好なコミュニケーションを育みながら、共通のルールをつくるのが上手なスキルです。

一人ひとりの「心の体力」を温め、上手にエンパワメントしながら、双方の自己選択、自己決定を尊重しつつ、共通のルールをつくったり、共にゴール達成に向かうことが得意です。

職員室のなかでは、教職員のチームワークを上手に育みます。

教室のなかでは、子どもたちを上手につなぎ、学び合いを育むことが得意なスキルです。

私たちファシリテーターには、揺るがない前提があります。それは、私たち一人ひとりは、本来、力をもつ大切な存在であるということ。教室の片すみでジッと座っている子も、ホントやる気なさそうなダラダラモード全開の中学生も、日本に来たばかりで日本語がまったくわからない子も、重い障がいや重篤な症状の子も、みんな力をもっている。

私たちファシリテーターはその力を信じて、まず「心の体力」を温めます。そして一人ひとりの力を引き出し、共有（聴き合う）して、ゴールに向かって歩みを積み重ねる。ファシリテーターは、その進行役です。そして、そのためにおこなうのは、安心、安全の場づくり。教職員をつなぎ、子どもをつなぎ、保護者と学校、地域を効率的、効果的につなぎます。

子どもたちの自己選択、自己決定を支援し、学力や生きる力を育む。学校が豊かな学びの場であるために、教職員が一つのチームとなって動ける学校、学級運営に活かせるファシリテーションについて、一緒に学んでいきましょう。

exercise 1

あなたのクラスのなかには、どんな「権利と権利の衝突」がありますか。A4用紙に書き出してみましょう。それら「権利と権利の衝突」を眺めて、あなたは、子どもたちの間に、どんな関係を育みたいと思いますか。三つの箇条書きで書いてみましょう。

2日目
Lesson2

ファシリテーションとは何か

1 授業におけるファシリテーション

聴くことがむずかしくなっている

よくある教室の風景です。教壇に教師が立ち、子どもたちが前を向いて座っている。生徒は数人から四〇人程度。学校によって幅がありますが、まず、子どもたちに求められるのは、ちゃんと前を向いて話を聴くことです。これがないと、一斉講義型の授業は成立しません。

ところが、いろんな教室におじゃますると、前を向いて話を聴くことが、とてもむずかしくなっていると感じます。

ウロウロと立ち歩いて放浪する。心ここにあらずで、授業中にボ～ッとする。

今、説明したばかりなのに、同じことを口々に質問する。

特別うるさいというわけでもないけど、ワチャワチャと教室のあちこちで私語が続く。当事者性が低く、注意をしても、右から左へと聞き流してしまい、同じことを何度も言わなければならない等々。

一人ひとりは良い子なのに、集団になると、子どもたちの良さが沈んでしまう。そんなふうに感じることは、ないでしょうか。私はあります。

子どもたちだけではありません。保護者も、授業参観に行くと久しぶりに会うママ友だちとペチャクチャとおしゃべり。子どもの授業そっちのけで、廊下でしゃべる姿に「保護者のみなさん、静かに授業参観してください」と放送の入る学校もあります。聴くことがむずかしくなっている。これは一種の社会現象だと思います。

放置すれば下がる授業の参加度

また、一斉講義型の授業は、基本的に教師一人がしゃべり続けるわけですから、必然的に子どもたち一人ひとりの多様な学力や個性、課題に合わせにくくなります。たとえば、六年生の教室にも掛け算の九九がむずかしい子はいますが、授業はカリキュラムどおりに進めますから、個別ニーズに合わせにくい。構造的に、画一的な内容になりがちです。

また、挙手を求めたとき、同じ子ばかりが手を挙げ続けることも教師を悩ませます。日ごろ、手を挙げてくれない子にこそ発言してほしいのに、なかなかむずかしい。それでも、小学校低学年の頃には手を挙げていた子どもたちも、高学年になる頃には、挙がる手もまばらになり、中学校では、「絶滅」も珍しくありません。学齢があがるに連れて、挙手することすら「めんどい」「はずい」ことになってくる。思春期を迎えるとなおさらです。

受け身が基本の一斉講義型授業では、ありがちな風景です。

すでに帰国した高校のＡＬＴ（Assistant of Language Teacher＝外国語指導助手）が、流暢な日本語で私に訴えてきたことがあります。「授業中、私が意見を求めても、生徒たちシーン。な〜んもレスポンスがない。私は四五分間、まるで壁に向かって独り言よ。でもテストはできるのよ。いったい、日本の教育はどうなってるの？」。詰め寄られた私は、力なく笑って答えました。「こうなってるのよ」。

受け身一辺倒の授業に慣れてしまうと、子どもたちの当事者性は低くなります。子どもたちは「静かに聴く」ことを求められ、実践的な力は育ちにくい。そんな弱みがあります。これが一日六時間、毎日続くと、主体性の低い、受身な学習スタイルが定着します。授業における学びのモチベーションは不明瞭になりがちで、社会に出たとき、実際に困ります。

聴き合う関係を育むファシリテーション

一方、ファシリテーションを効かせた授業は、らせん状の学びを形成します。生徒の間に良好なコミュニケーション（＝聴き合う関係）を育みながら、ゴールの創造に向けて共に歩む学びのベクトルを描きます。らせん状の歩みですから、目の前にはゴールとは違う景色が見えることもありますが、多様な

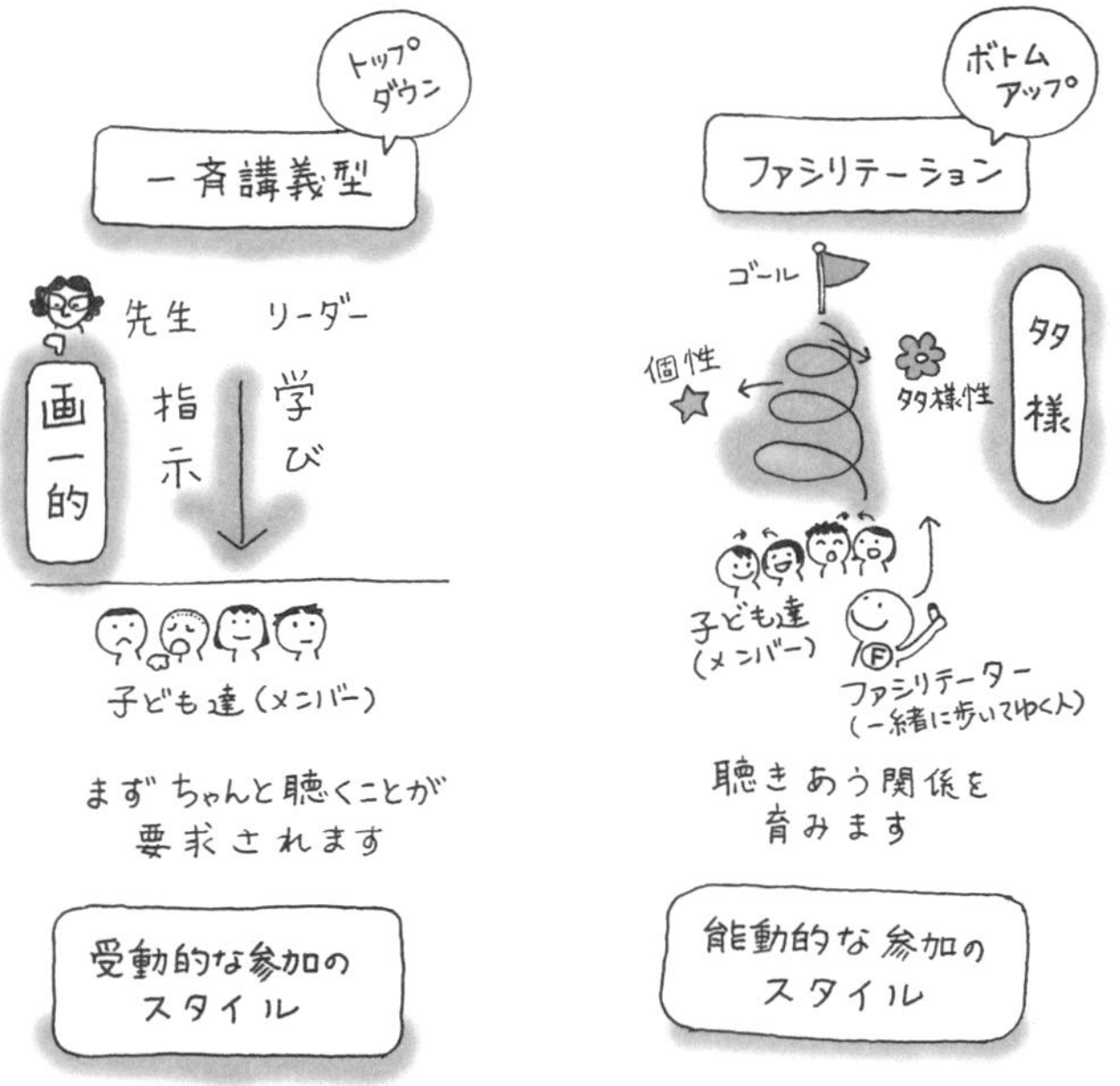

景色や互いの個性も取り込みながら、ファシリテーターはぶれない視点で確実に、共にゴールをめざして歩んでいきます。

子どもたちとゴールを共有しながら、アクティビティと呼ばれる適切な活動を積み重ねることで、子ども同士の意見交換や学び合いの関係を育みます。それぞれの個性が活かされる多様な学びのスタイルです。一斉講義型授業が受け身であるのに比べて、こちらは能動的。当事者性や参加度の高い学びを創り出します。

ファシリテーターが進行する場をワークショップと呼びます。人権教育や開発教育の領域では「参加体験型学習」と訳されますが、辞書で調べると「工房」や「作業場」と説明されています。つまり、何かを生み出す創造的な生産の場のことです。

生み出す成果＝ゴールは実にさまざま。たとえば「1＋1＝2」のように答えの決まった予定調和なゴールもあれば、「感動を生み出す」「やり方を考えてみる」など、一つの正解や規範におさまらない、また、やってみなければわからないゴールをめざすこともあります。いずれも、プロセスと結果。その両方を大切にします。

子どもたちの自己選択、自己決定、つながりを育む

子どもたちは、良くも悪くも、自分と同じ立場（＝ピア）の友だちの影響を大きく受けます。友だちの言葉に励まされたり、傷ついたりする。友だちからの評価がとても気になるし、最近は学校を離れてもインターネットゲームや携帯電話、メールを通じて、夜遅くまで友だちと「つながっている」ことも多くなっています。だからこそ、学校での「生身」の友だち同士のつながりを豊かなものにする。そのための支援を惜しみたくはありません。

昔の外遊びや手遊びは、アクティビティとして優れたものが多く、遊びを通じて、私たちは力を合わせることやルールを守ることを日常的な体験として学んでいました。失敗して、こけて泣くことを繰り返す。そんな小さな体験を積み重ねて、「こけても大丈夫。また立ち上がれる」ことを学ぶ。言葉としての理解にとどまらず、実際に「こけて、立ち上がる」経験をとおした気づきと発見の連続した体験的な学習が、私たちを成長させます。

ファシリテーターは、気づきや発見を大切にします。時には、昔の遊びのようなアクティビティの力を借りて、子どもたちと共にゴールをめざす伴走者です。子どもが失敗して、こけそうになっても、「こけても大丈夫。また立ち上がれる」力を育成し、子どもたちの自己選択、自己決定を大切します。

こけたときには、そこから学び、声をかけあう友だちのつながりを育みます。無理やり下から押しあげたり、上から引っ張りあげたりはしません。もちろん、怒り散らしたりもしません。生徒に好意的な関心を向けながら、子どもの「あ、そうかあ。わかった。大丈夫」という連続した体験的な学びをデザインしていきます。

実際の授業の場面では、教師の話をしっとりとした集中のなかで聴く。友だちと意見交換したり教え合ったりするなどのアクティビティを積み重ねていきます。教師は指導的な側面をもちますから、すべてがファシリテーションというわけにはいかないかもしれません。しかし、厳しい指導のときでさえも、子どもたちの力を引き出すファシリテーターのまなざしをもつことは、子どもの育ちに有効です。

2 会議におけるファシリテーション

学校の会議を効率的、効果的に変える

会議にも同じことがいえます。あなたは会議が好きですか。私は会議をとても大切な場と考えています。しかしながら、うまく機能している会議は、まだまだ少ないです。

学校には、たくさんの会議があります。職員会議、学年会議、教科会議、ケース会議、校内分掌会議、学校連携の会議、生徒会やクラス、クラブ活動を通じた生徒との会議、PTA会議、地域や関係機

関との会議、予算会議など。ホントにたくさんの会議があります。

ところが、会議が効果的におこなわれているかというと、なかなかむずかしいことが多い。そんな現状を変えるため、私は学校の会議におけるファシリテーションの普及に取り組んできました。エンドユーザー（最終利益享受者）である子どもたちの健やかな成長を支援するには、教職員がめざすゴールを共有し、育ちをデザインする議論や合意形成が不可欠です。ところが、学校のような忙しい現場をもつ人が集まる会議は、大きくわけて二つのタイプに分かれます。

A 会議をすることによって、現場の混乱が整理され、忙しさが解消される会議
（＝教職員のリレーションシップを生み出す、効率的、効果的な会議）

B 会議をすることで忙しさが増し、現場がさらに混乱し、混沌とする会議
（＝教職員は一人ひとり孤立を深め、全体として場当たり的で非効率的な会議）

特にBに多いのは、とにかく集まって会議をするけど、発言者が偏り、愚痴や不満、意見の放談に終始して、結局、決定事項が明確でない。あるいは、決定事項が的確に実行されない、翌日には、決定が覆るという症状もあります。たまに我慢比べのような沈黙会議もあります。こうなると、時間をかけるわりに、成果が少ない、エネルギー対効果の低い会議になりがちです。

あなたの参加する会議はどちらに属していますか。

Bの状態からAに。また、Aの質をより高めることができれば、教職員が常に信頼関係に支えられたチームプレーで子どもたちにかかわることができます。本当に良い会議は、参加者のなかに学び合いを育みます。これは正直、感動的です。参加者一人ひとりの声でつくられる会議は、教職員のチームビルドを上手に育みます。効率的、効果的なフォーメーションで、複雑化、多様化する子どものニーズに応え、教育効果を高めます。

授業と会議。そのどちらにもファシリテーションは有効なのです。

exercise 2

「こけても大丈夫。また立ち上がれる」。あなたにとって、子ども時代に、そんな気づきを促してくれた体験はありますか。小さなことでも、大きなことでもかまいません。そのとき、誰のどんな言葉やかかわりが、あなたを勇気づけてくれたでしょうか。少し思い出して、A4用紙に五つ書き出してみましょう。

3日目 Lesson3

私のファシリテーター度チェック

スキルの学習に入る前に、まずは、あなたのファシリテーターマインドをチェックしてみましょう。子どもたちの力を信じて引き出すファシリテーターに求められるマインドは、どんなものなのか。その一例を紹介した次頁のチェックシートに取り組んでから、続きを読んでください。

①授業の主役は自分ではなく、子どもであると思っている（当事者主体）

静かに聴いていたらＯＫ。つい、そう思ってしまいがちですが、授業の主役は子どもたちです。子どもたちの目線に立って、どんな授業が意欲的に参加できるのか、グッと集中するのかを考えます。自分がやりたい授業ではなく、子どもたちが受けたい授業への発想の転換です。あなたは子どもの頃、どんな授業が好きでしたか。自身の体験にも、ヒントはたくさん隠れています。

ACT① 教職員のためのファシリテーター度 10のチェックシート

以下の設問に答えましょう。
深く考え込まず、直感的に答えてください。

□1　授業の主役は自分ではなく、子どもであると思っている（当事者主体）

□2　子どもの声を聴き、子どもに学ぶ姿勢がある（傾聴、学びの姿勢）

□3　子どもの良いところ探しが上手。それを言葉や態度で示している（エンカレッジ）

□4　自分と同じ意見だけでなく、対立する意見にも共感を示している（受容・参画への感謝）

□5　何でも自分で答えず、子ども同士の学び合いを心がけている（活動促進）

□6　子どもの文化や言語、価値観、世界観に興味をもっている（異文化理解）

□7　自分の強みや弱みを知り、キャラクターを活かしている（自己覚知）

□8　上手に人に頼ることができる（チームプレー）

□9　がんばらない。あきらめない。知恵と工夫で勝負する（設計意識）

□10　子どもの力を信じ、ぶれない視点でゴールをめざす（エンドユーザーの尊重）

（『人やまちが元気になるファシリテーター入門講座——17日で学ぶスキルとマインド』解放出版社より引用・アレンジ）

②子どもの声を聴き、子どもに学ぶ姿勢がある（傾聴、学びの姿勢）

私たちもそうであったように。子どもたちは大人が思う以上に、いろんな情報を知り、感じ、考え、判断しています。その言葉に耳を傾け、素直に学ぶことは、子どもにかかわる大人に求められる基本的スキルです。

子どもたちを自分の思うようにコントロールするのではなく、まずは、何を感じ、学びたいのかを聴いて授業を組み立てます。たとえ、授業なんか大嫌いという子どもであっても、いっぱい、いろんなことを感じ、考えています。そこから学びます。

③子どもの良いところ探しが上手。それを言葉や態度で示している（エンカレッジ）

褒めることと怒ること。あなたは、どちらが多いですか。教師の役割は子どもの間違いや悪い行動を叱り、正すことと思われがちですが、まずは、子どもたちの良いところを上手に見つけ、褒めることが基本です。もし、褒める機会が少ないのであれば、子どもたちを褒める仕掛けをたくさんつくります。

自分のがんばりをわかってくれる人がいる。この思いは、私たちを勇気づけてくれます。身近な先生が自分のことをわかってくれていたら、とてもうれしい。あたりまえの行動のなかにある、見逃してしまいがちな良いところも上手に探して、言葉や態度で褒めましょう。「ありがとう」の言葉をかけるのもすてきです。

④自分と同じ意見だけではなく、対立する意見にも共感を示している（受容・参画への感謝）

意見を求めたとき、予想どおりの意見や正解が出てきたら、共感を示しやすいです。でも、自分とは違う意見、間違っている意見、どうしても許せない意見が出てきたときは、どうしたらいいでしょうか。あなたがファシリテーターのまなざしをもつのであれば、まずはどんな意見も受けとめること。ここからスタートします。「意見を言ってくれてありがとう」「なるほど」と、意見表明や参画への感謝やリボイスを忘れません。でも、賛同したり、間違いを許すのではありません。この区別が大切です。

⑤何でも自分で答えず、子ども同士の学び合いを心がけている（活動促進）

違う意見も受けとめる。共感を示す。でも賛同はしない。では、どうするのか。そうです。ほかの子どもたちに聴いてみるのです。「〇〇さんは、こう言っていますが、みなさんはどう思いますか。隣の席の人とペアで話し合ってみてください」。こうした問いかけが、子どもたちに学び合いを育みます。何でも答えてしまわず、自分で解決の道を描くことをサポートするのがファシリテーターの役割です。

⑥子どもの文化や言語、価値観、世界観に興味をもっている（異文化理解）

少し前の話です。長くなりますが、読んでください。

小学校高学年のコミュニケーショントレーニングに出かけたときのことです。授業前、校長室で打ち合わせをしていると、男の子が教室に飛び込んできました。私は、正面に座った彼に挨拶をしてから話をしました。以下、彼とのやりとりです。

私「最近、何して遊んでるん？」
彼「ダイヤとパール」
私「へえ。全クリ？」
彼「ダイヤ全クリ。ジムリーダーむちゃ強いねんで」
私「そう。すごいなあ。私も赤のとき、苦労したわ」
彼「赤もやったで。緑、青、金、銀、クリスタル、ルビー、サファイア、ダイヤ全クリ。スタジアムも」
私「すごいなあ。全部かあ。毎日、何時間くらいするん？」
彼「一時間くらい」
私「一時間。へえ～。すごいなあ。でも一日一時間で全クリできる？」

以下、彼の武勇伝が続くのですが、横にいた教頭先生はキョトンとして、「何の話か、さっぱりわかりません」。そしてこう、続けられました。「この子が、こんなにイキイキとしゃべっているのを見るのは初めてです」。

さて、あなたは、何の話題かわかりますよね。時期の特定ができる人もいるでしょう。わからない人は、近くにいる中学生たちに聞いてみてください。すでに新しいバージョンも登場しています。

この会話のあと授業をしましたが、教頭先生は「彼が、こんなに集中して、授業に参加するのは初めてだ」と言われました。授業内容が遊びを活用したコミュニケーショントレーニングなので、なじみやすいし、私の登場がもの珍しく、子どもたちの集中力が高かったこともあります。でも、それを差し引いて、彼がいつもより集中していたのなら、思いあたることがあります。それは、彼と私は言葉が通じたということです。

日本語を母語としない外国出身の子どもたちは、母語が通じる先生の話をよく聴きます。あたりまえです。何を言っているのかわからない人の話を前を向いて聴き続けるのは、ものすごくむずかしいし、つらい行動です。言葉が通じる人と通じない人が並んでいたら、通じる人のほうを見るのは、ごく自然な行動です。

これと同じことが、私と彼の間にもあったのだと思うのです。事前に共通言語を確認し、自分の武勇伝を喜んで聴く人の話だから、彼も興味をもって聴いてくれたのではないか。そんな気がします。

是非を問う前に、子どもたちが心を震わせていること、感動していることに興味や関心をもつことは、子どもたちと共に歩むときにとても大切だと思っています。異文化理解です。

けっして迎合する必要はありませんが、興味や関心をもち、子どもたちから聴いて、教えてもらえばいい。私も自分が得意なことや好きなことを興味深々で聴いてもらったら、うれしいです。

子どもたちのいろんな顔が見えてきたら、意外な一面も、いいところもたくさん見えてくる。子どもたちがシャカシャカ聞いている歌も。テンポが速すぎて、言葉を拾うことすら困難ですが、ゆっくり噛みしめて聴いてみると、私たち大人の心を温めてくれる歌もたくさんあります。

⑦自分の強みや弱みを知り、キャラクターを活かしている（自己覚知）

教室で求められる力は多様です。誰しも万能への憧れを抱くものですが、やめましょう。しょせん幻想にすぎません。私たち人間は完璧にはなれないし、だからこそ学び、助け合うのだと思います。大切なことは、自分の強みと弱みをわかっておくこと。得意なことと、不得意なことを、ちゃんと把握していれば、得意なことはさらに活かして伸ばし、不得意なことはほかの力を借りることができます。無理なく、自分らしくやればいいのです。

⑧上手に人に頼ることができる（チームプレー）

隣のクラスと自分のクラスをつい比べてしまう。担任であれば、誰しも経験することです。自分のクラスがうまくいかないと、つい背負い込んでしまう。やみくもにがんばってしまう。頑《かたく》なになって、ほかの声が聞こえなくなる。熱心な人ほど、そうなりがちです。また、助けを求めるのは恥ずかしい、がんばりが足りないと感じる人もいます。でも学級経営は担任一人の力でするものではありません。チームプレーが必要です。バレーボールにフォーメーションがあるように、教職員同士もフォーメーションを組みましょう。

⑨がんばらない。あきらめない。知恵と工夫で勝負する（設計意識）

「がんばらない」「あきらめない」は、長野県の諏訪中央病院で命を支える医療に取り組んでこられた鎌田實医師の言葉です（158頁参照）。がんばることが必要なときもありますが、やみくもにがんばり続けることは得策ではありません。また、がんばりながらも内心ではあきらめきっている人もいます。体にも、心にもよくありません。子どもたちの可能性をあきらめない、がんばらない。知恵と工夫で勝負する。ファシリテーションは、そういうことがとても得意です。

⑩子どもの力を信じ、ぶれない視点でゴールをめざす（エンドユーザーの尊重）

学校の最終利益享受者（エンドユーザー）は、子どもです。すべての教育活動は子どもたちのためにあります。そのことを常に忘れず、子どもたちのなかにある力を信じて、ゴールを常に共有しながら歩むことは、教育活動の基本です。ゴールとエンドユーザーを念頭におき、子どもたちに学びながら、協働者、パートナーとして共に歩むのがファシリテーターです。ファシリテーターのまなざしは、「なんでできないのか」ではなく、「どうすればできるようになるのか」という創意工夫にあふれた学びを構築します。

ここまでよろしいでしょうか。それでは、次に再チェックシートに取り組んでみましょう。同じように、あまり深く考え込まず、直感的に答えてください。

ACT② 教職員のためのファシリテーター度10の再チェックシート

以下の設問に答えましょう。先に取り組んだチェックシート同様、深く考え込まず、直感的に答えてください。

□1　子どもが思いどおりに動いてくれると、うれしい

□2　授業やクラスを考えるとき、子どもの意見をあまり聴かず、自分で設計している

□3　子どもへの言葉かけは、褒めるよりも怒ることのほうが多い

□4　「なんでそんなこともわからへんの？」、そんな言葉かけをよくしている

□5　子どもが沈黙したり、答えが間違っていたり、主訴が明瞭でないとき、「○○やろ」と指示や言葉をはさむことが多い

□6　子どもの興味、関心についていけない。子どもに何が流行しているかを知らない

□7　ほかのクラス（教師）と比べて、ホッとしたり、焦ることが多い

□8　仕事や活動の準備は、同僚や子どもに頼むよりも、自分でしたほうが早い

□9　自分の感情を抑えられず、ヒステリックに怒鳴ったり、手をあげることがある

□10　どうせ、この子たちはできない。そう思うことが多い

最初のチェックシートと並べてみてください。

①両方のシートにチェックが入った番号は、自分はできていたつもりでも、できていないかもしれない項目です。もう一度、自分自身をふりかえってみましょう。

②片方のシートにチェックが入った番号は、できているか、できていないかにかかわらず、自己認識が一致している項目です。強みと弱みを自覚することは、とても大切です。強みは伸ばし、弱みは周囲にカバーしてもらったり、克服するための努力をしましょう。

自分の強みと弱みを自覚して、「心の体力」を温めるところからスタートです。具体的にどうすればよいかは、このあと一緒に学んでいきましょう。

以上、「私のファシリテーター度チェック」を説明しました。いかがでしたか。

学校経営の視点では、チェックシートの「子ども」の部分を「教職員」に置き換えましょう。求められるまなざしは、どちらも同じです。職場のみなさんと一緒にやってみてください。

exercise 3

同僚の先生と二枚のチェックシートに取り組みます。お互いに見せ合って、強みと弱みを共有（聴き合う）しましょう。

4日目 Lesson4

学校の会議を変える①

教職員のチームワークを高めよう！

学校の会議を変える

ファシリテーターに求められるマインドを共有しました。自分の得意と不得意を把握しながら、いよいよ実際の現場での活用方法を学びましょう。

まずは、学校における教職員のチームワークを高めるために、意見が活発に出る、教職員が元気になる会議の進行方法について考えます。「そんなこと、ホントにできるの？」。そんな反応をよくいただきますが、トレーニング後には、「できるやん」に変わっていきます。がんばらない。あきらめない。知恵と工夫で勝負しましょう。

教育活動はチームプレーです。私のクラス、私の授業さえよければいい……という状況は、子どもにも、保護者にも、教職員にも不幸です。子どもたちは案外、教職員の人間関係を見抜いています。教職員がよいチームワークで取り組む姿は、子どもにとって、最も身近ですてきなロールモデルです。子どもに「仲の良いクラス」を求めるのなら、まずは「仲の良い職員室」から始めましょう。

まずは課題の洗い出しから

あたりまえのことですが、年度始めには、年間目標や行動計画を立て、子どもたちの一年間の育ちのデザインを共有します。教職員は一つのチームですから、個々バラバラに動き回ったり、事後処理や問題対応に追われるのではなく、フォーメーションを組みながら、戦略的に取り組みを進めることが肝心です。

しかしながら。年度末、年度始めは、人事異動や引き継ぎに追われ、学校が最もあわただしい時期です。会議時間の確保すらむずかしい。年間目標も立てないまま、気がつけば一年が終わっていたなんてこともあります。また年間目標、計画は立てたけど、年度途中に一度もふりかえりをしないままでは、形式的なかけ声に終わってしまいます。こうなると、会議の形骸化が進み、チームビルドの赤信号が点滅します。

ある中学校の学年会議をファシリテートしたときのことです。会議は放課後ですが、クラブ指導や生徒指導、出張、家庭訪問など、仕事が山積みの忙しい学校現場では、会議に全員がそろうことすらむずかしい。会議に行こうと職員室を出たとたんに、子どもたちがもめていて、即、指導が始まる光景も珍しくありません。近くて遠い会議室。だからこそ、集まった時間は有効に活用したい。会議が終わったあとには「じゃあ、これで行きましょう」と、みんなが動き出せる目標や具体的な行動が決まる会議をしたいものです。

それでは、一人ひとりの意見が活かされる会議、やってよかった会議とは、どんなふうにすればいいのでしょうか。まずは、チェックシートに取り組んで、あなたの参加する会議の課題を洗い出してみましょう。

ACT③ 学校の会議　25のチェックシート

あなたが参加する会議を１つだけ思い浮かべ、その会議に絞ってチェックします。あまり深く考えこまずに直感的に取り組みましょう！

□1　会議はいつも時間どおりに始まり、時間どおりに終わる（信頼構築）
□2　会議の冒頭。目的（ゴール）を文字で明確に共有している（意義確認）
□3　意見が出やすいように席の配置が工夫されている（会場デザイン）
□4　資料やレジメを読みあげるだけでなく、議論と決定がある（生産性）
□5　「最初から結論が決まっている」ということはない（創造性）
□6　発言者の偏りはない（安全管理）
□7　進行役は、全員の意見を引き出すことを大切にしている（傾聴と受容）
□8　全員に意見を言う機会が用意されている（場への貢献保障）
□9　私語はない。眠たそうな人もいない（参加度の確保）
□10　話は確実にゴールに向かっている（どうどう巡りはしない）（進捗管理）
□11　新しいアイデアや意見を歓迎する雰囲気がある（創造性）
□12　会議の決定は尊重される（結論が終了後に変わらない）（意思決定）
□13　会議の決定にみんなが納得している（終了後に文句はない）（合意形成）
□14　会議で決まったことは、ちゃんと実行されている（実効性）
□15　参加者の間で、言葉の意味を共有できている（暗黙値、経験値の共有）
□16　会議終了後、決定事項と未決定事項を確認している（到達点の整理）
□17　会議終了後、書面で記録を共有している（記録の共有）
□18　適度な休憩や笑いがある（リラックス）
□19　常に子どもたちを意識し、声が反映されている（当事者主体）
□20　成果をみんなで共有している（達成感）
□21　会議の設計図を描いている（設計意識）
□22　安心して意見を言える環境がある（安全確保）
□23　企画書やレジメが提出されている（企画力）
□24　会議の回数や頻度、長さ、参加人数は適当である（効率性）
□25　ふりかえりや議論の積み重ねがある（安定性）

（『人やまちが元気になるファシリテーター入門講座――17日で学ぶスキルとマインド』解放出版社より引用・アレンジ）

＊はいの数

二五個〜二一個…健康な会議だと思います。ほかの人にもチェックをお願いしてみましょう。

二〇個〜一六個…あと、ひと工夫。

一五個〜一一個…お疲れ気味？　何から手をつけるかを考えましょう。

一〇個以下…やれることがいっぱいです。希望をもって歩みましょう。

すぐに挑戦することを二つ、長期的に取り組んでみようと思うこと二つに〇をつけましょう。

いかがでしたか。あなただけでなく、まわりの先生方にもお願いして、ぜひ一緒にやってみてください。

exercise 4

①各自でシートをチェックします。
②その後、二人一組でシートを見せ合い、五分間で感想を共有（聴き合い）します。相手の意見が自分とは評価が違っても、否定せず、まずは肯定的に聴くように心がけます。
③最後に全員で、優先度の高い項目やすぐに取り組めそうなことを二つ選んで一緒に努力してみましょう。一〇分間で選び、具体的に始めることを考えてみましょう。

お疲れさまでした。では、具体的に、どうすればよいのでしょうか。方法はたくさんありますが、まずは、ここから始めてみましょう。

チェック1 時間どおりに始めて、時間どおりに終わる

時間を大切にすることは、人を大切にすることと同じです。あなたの参加する会議の開始時刻は守られていますか。都合をつけて滑り込んだのに、「人がそろうまで」と、五分、一〇分と開始が遅れてしまう。これでは、何のために必死で走ってきたのかわかりません。参加者はそれぞれに都合があります。忙しい時間をやりくりして来た人もいるはずです。その努力には報いたい。会議は時間どおりに始めましょう。たとえ人がそろっていなくても、時間どおりに始める習慣をつけることが肝心です。

またそれ以上に怖いのは、終了時刻の決まっていない会議です。保育所の送り迎えや家族の介護など、帰宅後もやることが満載なのに、終了時刻がわからない、守られないとアチコチに影響が出ます。安心して参加することもできません。会議の冒頭では必ず、終了時刻を確認してから始めます。途中退席する人の時間も確認すれば、みんながそろっている間に議論するべきことを優先できます。また、終了時刻までに着陸するように議論を設計し、協力し合うこともできます。

開始時刻と終了時刻が守られると、信頼関係が構築されます。信頼関係がある会議は、やむをえない事情で遅れてきたり、途中退席する人にも「お互いさま」と寛容になれます。逆にダラダラ始まり終わる会議は不信や不満が充満して、不寛容になりがちです。時間どおりに始め、終わる習慣をつけましょう。

予定時刻に終了しないときは、全員の了解のうえ、会議を延長します。あるいは、あとは担当者に任せる、後日、改めて開催するなど臨機応変に工夫をします。

そうそう、学校行事のお知らせプリントにも、終了予定時刻を書きましょう。授業参観や地域交流行事など、終了時刻が不明だと、あとの予定が立ちません。時間どおりに始め終わることから、保護者や地域住民との信頼関係も構築します。

チェック2 ゴールを共有する

会ったからこそできる議論。会議の意味はここに尽きます。会議の冒頭では、必ず「会議のゴール」を文字で共有してから始めます。この会議で私たちは、何をめざすのか。どんなプロセスや結果を生産するのか。ファシリテーターはぶれない視点でゴールを見据えながら、多様な議論を促進します。

途中、議論が脱線しても、ちゃんとゴールへの道に立ち返ることも忘れません。そんなとき、文字でゴールを共有していると、とっても戻りやすくなります。

学校現場のエンドユーザー（最終利益享受者）は子どもたちです。学校でおこなわれる会議はすべて「子どもたちの豊かな学び」のためにあります。ところが「子ども不在」になりがち。一人ひとりの子どもの顔を思い浮かべ、今日の会議がめざすゴールを共有してから場を開く。参加者全員でゴールとエンドユーザーを共有しながら議論を進めましょう。

会議のゴールは長文をやめ、三つ程度の箇条書きの文章にすると、あとでふりかえりやすいです。行事の目的設定も同じです。簡潔な文章でスモールステップをあがりながら、ゴールをめざします。

また、それぞれの議題のミッション（任務）も明確にします。議題は、「報告」「ふりかえり」「意見回収」「議論と決定」「調整」「その他」などの任務に分かれます。「報告」だけですむところを、うっかり「意見回収」して時間を超過。これでは肝心の「議論と決定」の時間がなくなってしまいます。慣れ

会議サンプル①　進行スケジュール

〈本日の会議〉 16:15 〜 17:15 (60分)

① 報告：教育委員会からの通達について (2分)

② 報告：学校アンケートの実施方法について (3分)

③ 議論決定：総合学習にむけた子どもの状況共有及び目標とプログラム案作成 (40分)

④ 意見回収：遠足の候補地について (10分)

⑤ その他：ひとり一言 総合学習にむけて (5分)

①報告

周知事項。特に意見不要の場合は素早く終わる。読めばわかる詳細事項は書類配布。

②ふりかえり

たとえば１人ひとことずつと決めて、順番に短時間で意見共有を進める。ふりかえりには、次へのヒントがあり、参加者の波長合わせに効果があるので軽視しない。

③意見回収

意見発散のみおこなう。ホワイトボード・ミーティングで意見を可視化し、デジカメで撮影する。それをもとに、詳細や決定は担当者に任せる。

④議論と決定

参加者全員による意見の発散で、情報共有し、状況を見立てる。混乱している状態の課題を切り分け分析、評価する（アセスメント）。課題の優先順位などを考え、手当てを考える（プランニング）。

⑤役割分担、調整

⑥その他

会議サンプル② 進行スケジュール

〈本日の会議〉16:15-17:15(60分)

1. 報告:運動会の学年目標共有(5分)
2. ふり返り:昨年度運動会の様子と改善点(10分)
3. 意見回収:学年種目のアイデア出し(30分)
4. 調整 : 役割分担と今後の予定(10分)
5. その他 : ひとり一言「運動会にむけて」(5分)

たとえば運動会の目的は以下のようにします。

●運動会の目的

本校の運動会は、体育の学習を中心とした日常の学習成果を総合的に発揮することで、強い意思と見通しをもって、活動に取り組み、仲間と一緒に体を動かす楽しみを身につけることをめざします。また、規律ある団体行動の美しさや力強さを体験し、集団活動における望ましい態度や、学級、学年を超えた団結力を育みます。

＊これでは、終了後、何をどこまで達成したのか、ふりかえりがむずかしい。

⬇

●運動会の目的

①体育の学習を中心とした日常の学習成果を総合的に発揮する。
②強い意思と見通しをもって、集団活動に取り組む。
③規律ある団体行動の美しさ、力強さ、仲間と一緒に体を動かす楽しみを身につける。
④学級、学年の枠を超えた団結力を育み、学校としての一体感を高める。

＊箇条書きにして数字をふれば、終了後、どこが達成できて、何ができなかったのかがわかりやすく、次の方針に活かせます。

るまでは、時間配分を共有しながら進めます。

ホワイトボードに書いておけば、今日の会議は、どこに一番、時間をかけるのかを共有して、スタートすることが可能です。始めと終わりの時間さえ守れたら、途中の時間は多少前後してもかまいません。議論を見通してから始めることが肝心です。会議の重要ポイントが共有されていれば、全員がそろっているうちに「議論と決定」を先にすませるなどの工夫もできます。慣れるまでやりましょう。

チェック3 会場デザインを工夫する

日本の会議は「ロの字型」でなければならない。そんな法律があるわけでもないのに、驚くほど「ロの字型」会議が多いです。あなたの学校ではいかがですか。一人ひとりの参加度を高め、自由で生産的な議論をつくりたいなら、「ロの字型」はやめましょう。

「ロの字型」会議は、向かいの人との距離が二〜三メートルになることもあります。この距離感を埋めて活発な議論や親和性を獲得するのは、プロのファシリテーターであっても至難の技です。私にはできません。人と人の間に無用な距離感を生み出し、議論への参加のハードルを高める。これが「ロの字型」の宿命です。

では、いい会議をするためには、どんな会場デザインがよいのでしょうか。

本書では、ホワイトボード・ミーティングを提唱しています。まずは三〜四人の小さな打ち合わせ会議から慣れていきましょう。会議には必ずホワイトボードをもち込み、議論を可視化しながら進めます。ホワイトボードなしで生産的な議論は困難です。

チェック4　記憶ではなく、記録を共有する

一カ月前の夕食メニューを正確に思い出せないように、一カ月前の議論や決定は忘れます。そういうものです。議論は、記録して共有しておきましょう。記録を確認することで、みんなが一つのゴールに向かって、役割分担しながら共に歩むことができます。このとき、誰が発言したかという議事録ではなく、みんなで決めたことを記録することがポイントです。また、計画や実行を確実に積み重ねたり、あとでふりかえるときにも、記録は大きな役割を発揮します。基本的にメモはとりません。下を向かれると意見を言いにくくなるし、メモは人によって書いていることがバラバラ。もめるもとです。

忙しい学校現場では作成に時間のかかる「つくりこんだ記録」はなじみません。作成するのも、確認するのも簡単でシンプルな記録をめざしましょう。ホワイトボードの写真を記録素材として、企画書や報告書に落としこみます。時間がないときは写真だけでもＯＫ。ファイルに閉じておけば、一年間の学年の歩みをふりかえることもできます。このファイルも全員がもつ必要はありません。学年で一部保存すれば、全員が閲覧できるので十分です。紙と場所の無駄を省く効率的なスタイルの一つです。

まずは、この四つから始めます。最初は慣れないかもしれませんが、定着させるためには、しばらく続けます。あきらめずにやってみましょう。

5日目 Lesson5

学校の会議を変える❷

つぶやきを拾う「ホワイトボード・ミーティング」

好意的な関心の態度で聴く

「六〇分の会議で一人の先生が四〇分以上、しゃべり続けます。ほかの先生は黙ってうつむいているだけ。どうしたらいいでしょうか」

私はこういう状態をミーティング・ハラスメントと呼んでいます。

会議は「会ったからこそ、できる議論」をする場。参加しても、自分の意見を言う機会すらないと、何のために参加しているのか、わからなくなり、「心の体力」が冷めてしまいます。みんなでアイデアを出し合える、いい会議をしたいものです。とはいうものの「発言しにくい」と感じる人は多いです。

会議にはいろんな危険が潜んでいるので、発言しにくくなるのです。代表的なものとしては、

①経験にばらつきがあり、議論が見えず、自信をもって意見を言えない。

②意見を言うと、「じゃあ、あなたがやってね」と自分の仕事が増えてしまう。

③強い否定的な意見を出す人がいて、意見を言う前に、萎縮してしまう。

④発言しても決定に反映されないので、無駄ではないかと思ってしまう。
⑤そもそも、何のための会議かわからない。
⑥結局、大した議論にならないのだから、早く終わらせるためには、黙っているのが一番。

というところでしょうか。どれも納得できる理由です。あなたが発言しにくい会議には、どんな危険が潜んでいますか。

そんな会議もファシリテーターがいれば、みんなで意見を出し合える会議へと変わります。ファシリテーターは、参加者一人ひとりに好意的に関心の態度を向け、「心の体力」を温めながら意見を引き出します。引き出した意見を共有（融合）し、ゴールに向かって共に歩む進行役です。それでは、まずは会議におけるファシリテーションとして、シンプルで効果の高いアクティビティ「ホワイトボード・ミーティング」にチャレンジしてみましょう。

好意的な関心の態度とは？

「言いなさい」「しゃべりなさい」。きつく言われたり、追いつめられると、私たちの心はキュッと固くなり、余計に言えなくなります。発言を促すなら、まずは「好意的な関心の態度」を向けます。体ごと相手のほうを向き、「ふ〜ん。そうなんや。へえ〜。なるほど。ふんふん。それで？」という感じの「私はあなたの話を、好意をもって聴いていますよ」ということが相手に伝わる態度です。好意的な関心の態度を向けられると、私たちは話をしたい気持ちが促進されます。心のなかで思っているだけではダメ。実際に態度に出すことが肝心です。会議では、下を向いてメモをとる姿勢は、好意のない態度に見えます。ファシリテーターや参加者がいつも自分のほうを向き、好意的な関心の態度で話を聴いてくれる。この信頼があるからこそ、私たちは意見を言えるのです。好意的な関心の態度があると、自分や周辺がやわらかくなり、生きていくのがラクになります。

2　発散→収束→活用の循環を起こす

①まずは発散です。テーマについて知っていることや意見をドンドン出していきます。ファシリテーターは一人ひとりに好意的な関心の態度を向け、順番に意見を聴いていきます。
②発散された意見は、黒のマーカーでホワイトボードに書いていきます。このとき、最初の発言を真ん中に書き、続く意見は、ホワイトボードのアチコチに書き散らし、誰の意見かわからなくします（＝意見の帰属を外す）。私たちは感情の生き物なので、意見の内容よりも、誰の意見なのかに大きく影響を受けます。それを乗り越えるため、発散された意見はあちこちに書き散らします。
③発言に対して、ファシリテーターは、「というと？」「具体的には？」「イメージは？」というオープンクエスチョンで、参加者から具体的なイメージを引き出し、書いていきます。
④発散が終わったら次は収束です。みんなで発散した意見を眺め、ゴールに向かってポイントとなる収束軸をたて、重要な意見を赤のホワイトボードマーカーで囲んだり、線を引いたりします。このとき、番号をふることが肝心です。
⑤収束した軸に沿って再発散をします。たとえば赤線を引いた①について、「どうすればいいと思う？」というクエスチョンで、具体的な課題解決のための知恵や工夫を出し合い、具体的にやることや役割分担などを青のマーカーで書いていきます。
⑥参加者全員の意見でつくりこんだホワイトボードを写真撮影し、議論の記録、あるいは記録素材として保存します。
⑦写真撮影した画像をもとに、記録（スコア）を作成して配布します。

ここまでが進め方の基本です。最初は、４～５人のグループで、簡単な練習問題からフレームワークに慣れていきます。では、練習問題として「校長先生へのプレゼント」に取り組みましょう！

ACT④ 「つぶやきを拾う ホワイトボード・ミーティング」基本レシピ

●超基本の4～5人の会議編

まずは、このサイズの会議に慣れることが肝心です。

このアクティビティに入る前には、ペア・コミュニケーション（176頁参照）などのアクティビティで、好意的な関心の態度や聴き合う関係づくりを経験しておきます。

準備物…ホワイトボード、ホワイトボードマーカー（黒、赤、青）、デジカメ、机、椅子

1　基本的な進め方

①ホワイトボードの前で会議をします。ホワイトボードに平行に机を置き、参加者はホワイトボードに向かって座ります。

②ファシリテーターはホワイトボードと机の間に立ちます。

③参加者はメモをとりません。常に顔をあげています。

④ファシリテーターは、好意的な関心の態度で、参加者の意見をバランスよく引き出していきます。まずは、順番に一人ひとり、意見を聴くことから始めます。

⑤ファシリテーターは、引き出した意見をホワイトボードに書きます。小さなつぶやきも、大きな意見も同等に受けとめて書き留めていきます。

練習問題 校長先生へのプレゼント（校長先生じゃなくてもいいです。所要時間三〇分）

まずは、簡単な練習を繰り返すことから始めます。遊び感覚でチャレンジしてみましょう。

①準備物

ホワイトボード、ホワイトボードマーカー三色（黒、赤、青）、椅子三脚、長机一台、デジカメ

②参加者

四人で1グループ。じゃんけんで勝った二人がファシリテーター。他の人はサイドワーカーです。最初の五分は一人目。残りの時間は二人目のファシリテーターが進行します。サイドワーカーは、良き参加者となり議論の進行に協力してください。

③会場デザイン

ホワイトボードに平行に机を置きます。一人目のファシリテーターは机とホワイトボードの間に立ちましょう。ほかの三人はホワイトボードが見やすい位置に座ります。

④ホワイトボードマーカー

黒：発散する意見を書きます（発散用）。

赤：決まったことなどを囲んだりします（収束用）。

青：役割分担や調整事項を書きます（再発散用）。

●ファシリテーターの心得

①聴き役です。まずは、自分の意見は言わず、一人ひとりの意見を聴き、ホワイトボードに書き留めます。無茶な意見も、好意的な関心の態度で受けとめて書きましょう（中立、公平性）。

②参加者三人を順番に一人ずつあてて意見を聴きます。背中をポンと押すように、意見を聴きます。一人二回発言するまで、つまり二巡目が終わるまでは順番に意見を聴き、その後は、自由に意見を出してもらいます。発言回数の少ない人には、「どうですか」と聞き、発言のバランスを整えます。

③二巡目終了までは、どんなつぶやきも、がんばって拾って書きます。たとえば「色は青が好きらしい」という発言は、要約せずに「色は青が好きらしい」と書きます。「青が好きらしい」でもかまいません。「青が好き」「青」など、「らしい」を抜いてしまうと、推測情報が確定情報になり、間違います。「らしい」という言葉尻も大切です。二巡すれば、ある程度、発散はすむので、書き留める意見は減ります。

④最初の発言者の第一声を真ん中に書き、その後の発言はホワイトボードのあちこちに書き散らします。なぜか。私たち人間は感情の生き物ですから、意見の内容よりも「誰の意見か」に強く影響されます。そのため、ゴールやエンドユーザーから議論が乖離《かいり》してしまうことが多いのです。それを避けるため、意見を書き散らすことで、「意見の帰属」を外し、匿名性を高めましょう。

⑤特に発散は時間を決めておこないます。最初に、だいたい何分くらいと見積もっておきます。愚痴や不平、不満もＯＫ。感情も含めて、もっている情報を共有します。「それは間違い」と思う意見も、

とりあえずファシリテーターは受けとめて書きます。訂正が必要な場合は、ほかの参加者から訂正する意見が出るのを待ち、どうしても出ないときには、収束に移る前に「訂正」「スーパーバイズ」します。

⑥ファシリテーターがよく使う言葉は、「〜というと?」「具体的には?」「イメージを言ってください」などのオープンクエスチョンです。「財布がいい」という発言には、まず「財布がいい」、あるいは「財布」と書いたあとに、「というと?」とさらに質問をして発言者のイメージを引き出します。「皮ですか? 布ですか?」とクローズドなクエスチョンだと、発言者は皮か布のどちらかに意見を誘導されます。「というと?」と聞くと、発言者のイメージを引き出せます。発言者の内省や思考を深める質問で、自由な意見を引き出しましょう。

⑦進行役として前に立つと、つい話をまとめたくなりますが、やめましょう。発散の間は、特に発言を整理したり、補足したりせず、参加者から引き出してホワイトボードに

可視化（見える化）することに力を注ぎます。自分の意見も言いません。席に戻って参加者になれば発言はOKですが、ファシリテーターのときは、原則NGです。実際の会議では、ファシリテーションしながら、自分の意見を言うこともありますが、慣れるまでは約束を守りましょう。

●参加者の心得

①良き参加者（サイドワーカー）となって、グループの活動を促進してください。
②どんな意見、間違いもファシリテーターは好意的な関心の態度で受けとめ、書いてくれます。「わからない」「知らない」も大切な情報です。失敗や困っていることは、さらに価値ある情報です。しっかり発言しておきましょう。
③基本的なスタンスは「上手に聴き合う」です。限られた時間を効率的に活用するためには、自分ばかりしゃべりすぎない。聴きすぎない。お互いに上手に時間を共有してバランスよく聴き合うことが大切です。たくさん発言したいときも、ある程度、発言したら、いったんほかの人に発言の機会を譲ります。あなたが感じていることは、きっとほかの人も感じているはず。自分だけの意見ではなく、みんなの意見で議論をつくることを心がけます。
④メモは一切とりません。ほかの人が発言しているときは、ファシリテーターと同様、好意的な関心を向けて聴きます。下やそっぽを向かれると、それだけで発言しにくくなるものです。自分とは違う、間違いだと思う意見も、ホワイトボードに書かれた意見を眺めたり、発言者に体や顔を向けながら会

議に参加しましょう。下を向かないことがポイントです。

以上です。ここで、双方の心得を三回、音読してみてください。声に出すことが肝心です。どうですか。少しなじみましたか。では、いよいよ会議の練習を進めましょう。

●進め方（所要時間約三〇分）

①ファシリテーターが挨拶をして場を開きます。
②会議の目的「校長先生へのプレゼントを考える」をシンプルに心を込めて伝え、共有します（一分）。
③基礎情報を共有します。校長先生にインタビューをし、好きな色、趣味、好きな食べ物、休日の過ごし方などの情報を提供し、全員の「前提」とします（二分）。
④まずは発散です。ファシリテーターは一人ひとり順番に好意的な関心の態度を向けて、「どうですか」と、参加者に意見を聴きます。参加者は喜ばれそうな贈り物について、意見を言います（五分）。
⑤ファシリテーターは、「というと？」「具体的には？」「どんなイメージですか？」と聞きながら、参加者の意見を引き出し、ホワイトボードのあちこちに書き留めます。

【例①】オープンクエスチョンで引き出す

参加者：「おいしい魚をプレゼントしましょう」
Ｆ　：「というと？」

参加者：「新鮮な魚かなあ」
F　　：「具体的には？」
参加者：「旬のカツオなんかいいですね」

【例②】クローズドクエスチョンの場合

参加者：「おいしい魚がいい」
F　　：「今はマグロが旬ですよね」
参加者：「そうですね」

結果的に両者とも「新鮮な魚」ですが、参加者の意見やイメージを引き出すことが大切です。オープンなクエスチョンで、自由な発言を促進しましょう。

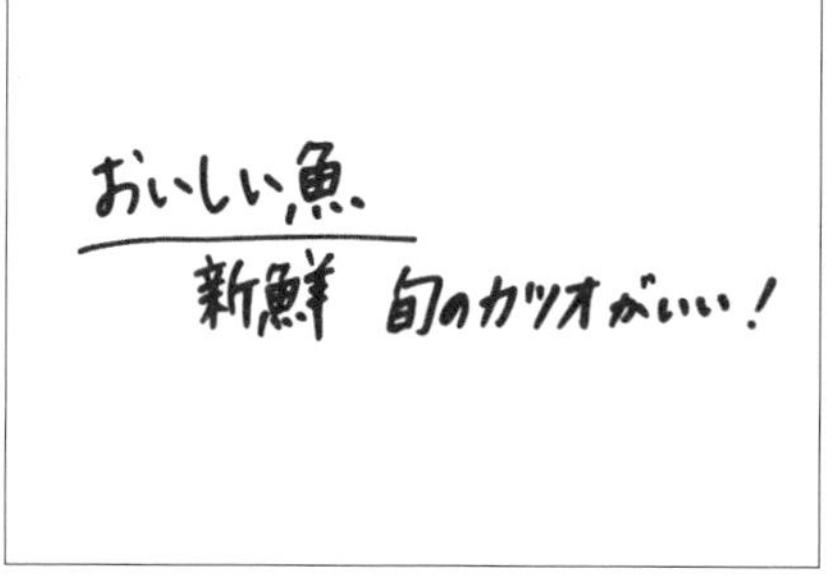

⑥五分が経過したら二人目のファシリテーターに交代しましょう。黒いホワイトボードマーカーで、さらに発散される意見を書き留めていきます。一人目のファシリテーターは、席についたら発言します。

⑦最初は予算や準備を考えずに、「これが喜ばれる」と思うもの。自分がもらってうれしいものなど、意見をどんどん発散します。一〇分たったところで終了です。まだ意見はあるでしょうが、練習なの

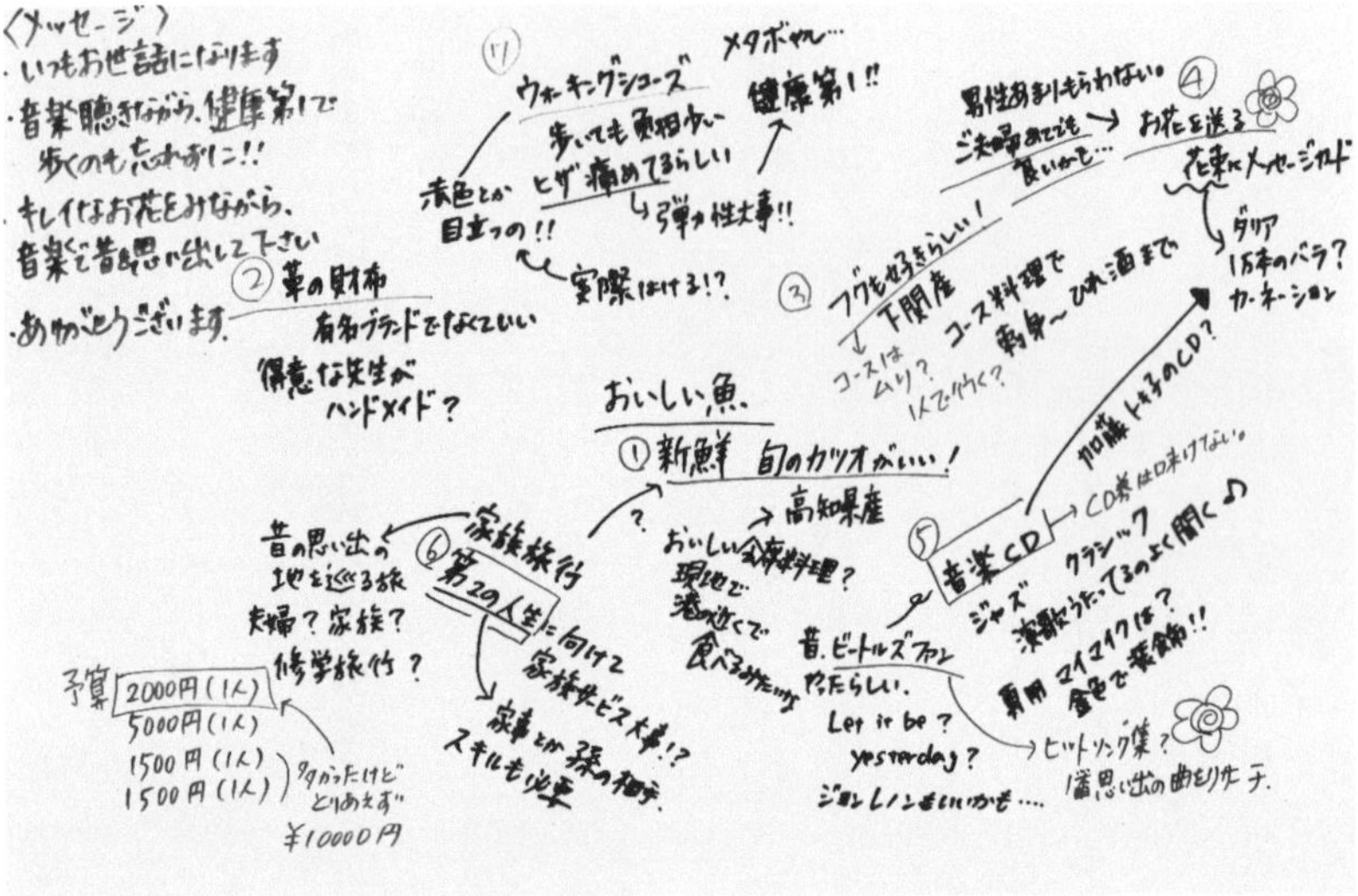

で終了します（発散はトータルで一五分）。

⑧次に、収束の軸立てをします。この場合、予算は一人いくらにするかです。ファシリテーターは、全員に一人、何円出すか？　と予算を聞いて、赤いマーカーでホワイトボードの端に書きます。適度な金額があります。もちろん、過剰な金品の贈答はなじみません。また、受け取った側にも負担です。無理のない範囲で予算を出し合いましょう。本当に贈るわけではないので、あまり真剣に悩まないでください。

⑨予算額を合意します。金額が均一である必要はありませんが、できれば参加者全員が「この金額なら」と思える合意形成をしてください（一分）。

⑩金額が決まったら、その予算の範囲内で実現可能な誕生日プレゼントを選定します。候補となりそうな意見を赤いマーカーで囲みます。発散されたたくさんの意見のなかで、実現可能なものだけが浮かび上がってきます。このとき、候補に選ばれなかった意見を消した

り、×印はつけません。決まったことだけが浮かび上がればよいのです。すべての意見がゴールに貢献してくれる大切な意見です（四分）。

⑪赤で囲まれた意見には、適当に①②……と、番号をふりましょう。この番号をふる行為がとても大切で、番号をふることによって意見が浮かび上がります。順番はどうでもいいです。

⑫候補のなかから、意見を出し合って、どれか一つを選びましょう。練習問題ですから、突き詰めて議論する必要はありません。「何となく」合意がとれるところを大切にします（三分）。

⑬最終的に決まったプレゼントを、さらに赤く囲んでみてすぐ決定事項とわかるようにします。横に「決定！」の文字を書いてもOKです。「買い出し担当」「会計担当」など、役割分担を青いマーカーで書いておきます。一人ひとりの役割を再発散で決めていきます。最終的にプレゼントの品が決まっていなくてもOKです。何となく役割分担を決めておきましょう（二分）。

⑭最後に、参加者一人ひとりがお祝いのメッセージをひとことずつ発言し、ファシリテーターは、赤い文字でホワイトボードの端に並べて書きます。ファシリテーターのメッセージも書きましょう（二分）。

⑮デジカメでパチリと写して終了です。

⑯できれば三〜四のグループをつくって、同時に進め、最後はお互いのホワイトボードを順番に見て共有することをお勧めします。二人目のファシリテーター役の方は、ホワイトボードの前で、一分間、議論のプロセスと決定について、プレゼンテーションしてください。

議論が書いてあるので、プレゼンテーションはずいぶんとラクなはずです。また、ホワイトボードを見れば、すべての議論が書いてありますから、プロセスがよくわかります。しかも、誰の意見かではなく、グループみんなの意見として見えるところが肝心なのです。

⑰最後に校長先生から、感想をもらってください。本当に贈るわけではありませんが、感想をいただけるとありがたいです。

いかがでしたか。時間は目安です。少人数の会議で、このような練習を繰り返します。ファシリテーターもサイドワーカーも慣れることが肝心です。話題は豊富にあります。懇親旅行の行き先を決める、休日の過ごし方を決める、忘年会企画を考えるなど、さまざまな話題で練習し、お互いに慣れていきましょう。

フレームワークに慣れてきたら、いよいよコンテンツを本題の教育課題へと移します。まずは、困ったときの二〇分ホワイトボード・ミーティング（67頁参照）から始めることをお勧めします。

たとえば、学年代表の席の後ろに、少し大きめのホワイトボードを設置しておき、何か問題が起こったら、学年の先生がサッとそこに集まり二〇分会議を開催します。子どもの個人情報にふれるときは、守秘が確保できる場所でしましょう。

exercise 5

同じ学年、教科など、身近な四～五人で、ホワイトボード・ミーティングを練習してみましょう。テーマは「校長先生へのプレゼント」です。やってみた感想を以下の点に沿って意見を聴き合い、共有しましょう。

①従来の会議と比べて良かったことを3つ　→さらに伸ばします
②従来の会議と比べて困ったことを3つ　→どうすればよいか工夫点を考えます
③目的達成度はどうであったか　→一人ひとりの参加度、議論のわかりやすさは？

可視化（見える化）を進める！

研修や会議におけるファシリテーションは、意見や議論を書くことで可視化（見える化）して共有します。見えない人がいる場では、見える人が書きためて、ある程度の量になったときに読みあげて共有します。

6日目 Lesson6

学校の会議を変える③

経験値（知）、暗黙値（知）を標準化する

フレームワークから、コンテンツワークへ

ホワイトボード・ミーティングの枠組みが成立してきたら、いよいよ、議題を実際の教育課題に移し、コンテンツワークを進めます。

ファシリテーターは、一人ひとりに好意的な関心を向け、背中をポンと押すように意見を引き出します。「わざわざ手を挙げてまでの意見はないけど、聞いてくれる人がいるなら話してみよう」。ファシリテーターが仲介することで、会議に聴き合う関係を育みながら、参加者のつぶやきをホワイトボードに書き留め、蓄積していきます。良い循環が起こり、場が育まれてくると、参加のハードルを越えて自分から発言する人も増えていきます。まずは、その枠組みに慣れるため、身近な三〜四人で小さな会議を積み重ねましょう。

日常的には、学年代表の席の後ろに少し大きめのホワイトボードを設置しておき、何か問題が起こったら、学年の先生がサッとそこに集まり二〇分の会議をします。「どうしよう」と悩んだらホワイトボー

ドの前に集まる。学年代表がファシリテーター役となり（もちろん、ほかの人でもOK）、意見を引き出しながら、情報共有を進め、課題を切り分け、解決策や対応策をみんなで考える。そんな職員室をつくっていきます。もちろん会議室にもホワイトボード設置が前提です。できれば二枚あるのが望ましいです。

「いくら話をしても伝わらない」「何を考えているのかわからない」人ほど、しっかりと温め、意見を引き出し、共有し、互いに気づきを促します。「隣のクラスでいじめがあったらしいけど、何だか聞きにくいなあ」。そんなときも、まずはホワイトボードの前に集まって、「最近、どうですか」から話を聴き合います。子どもたちの様子を共有することは、教職員のチームプレーの基本です。

当然のことながら、個人情報を含む議論をするときは、子どもや保護者の目にふれない場所でしましょう。

以上をふまえたうえで、フレームワークに慣れてきたら、いよいよ本題である教育課題のコンテンツワークへと進みます。みなさん、準備はいいですか。

発散→収束→活用のサイクルを生み出す

ある中学校の学年会議で、総合学習のプログラム設計をファシリテートしました。参加者は六人。二時間の会議でした。経験も教科も、在籍年数も違う教員が「子どものコミュニケーションスキルの向上をめざして」意見を出し合います。

ファシリテーターの私は、一人ひとりの背中をポンと押すような感じで、順番に、全員の意見を聴いていきます。最近の子どもたちのコミュニケーションについて思うことを自由に発散しました。わざわざ、手を挙げてまで発言はしないけど、聞かれれば言えることは、たくさんあります。日頃、感じていることを出すだけで十分です。

どんな意見が出ても、ファシリテーターはまず好意的な関心の態度で、受けとめながら、つぶやきを拾い、ホワイトボードに書き留めていきます。このような作業を「意見の可視化」といいます。

会議は大きく「発散→収束→活用」のパートに分かれます。

発散では、子どもたちの様子や教師の思い、知っている事実などをドンドン出し合います。どんなつぶやきでもＯＫ。不満や不平、愚痴でさえも、子どもたちへの豊かな教育活動がゴールの場では、「子ども集団の見立て」につながる「宝」へと変身します。

情報共有を進めていると、「えっ？　そうなん？」「知らんかったわ」という声がよく聞こえます。毎日、顔を合わせて言葉を交わしていても、お互い、あんまりよくわかってないことも多いのです。この学年は荒れていたので課題満載。情報共有するだけで九〇分かかりました。可視化され、蓄積された学年教師のたくさんの声。ホワイトボードには子どもたちの様子があふれています。

十分な発散で、意見を出し切ったあとの収束は早いです。子ども集団の見立てと総合学習のゴールが定まれば、あとは収束の軸を立てて、具体的なプログラムを考えます。発散された意見のなかから、子どもたちが抱えている課題を切り分けて整理します。特徴的に表した文言を赤で囲みます。複数あるので、番号をふります。そして、そのなかで優先的に解決する課題を選び、知恵や工夫を再発散しながら、積み上げる手当てをプログラムとして組みます（活用）。このときは、残り三〇分であっという間にプランニングできました。発散のなかに、すでにヒントがたくさんあったのです。

私たちって、ホントに力と可能性をもった存在。どうすればよいのかという知恵は、ちゃんともっています。なければ、学んで考えればいい。ところが現状の会議は、それが出せないことが多いのです。

一人ひとりが貢献できる会議は、クオリティが高く、エンドユーザー（最終利益享受者）の子どもたちにも良いプログラムが提供されます。子どもたちのために、教職員が有機的に連携しながら動くチームワークを会議で育てていきましょう。大人が信頼し合って、目標に向かって動いている姿は、子どもたちに多くの学びをもたらすはずです。

では、いよいよ実際の教育課題で二〇分ホワイトボード・ミーティングのサンプルを紹介します。

実際のホワイトボード・ミーティングは、本書で紹介する写真よりも文字は雑で汚く、もっと書き散らされています。また、つぶやきを拾って書くことを優先するため、漢字の間違いやひらがなも多くなります。それでOKです。スコア（記録）になる段階で、訂正し、読みやすく編集します。

3

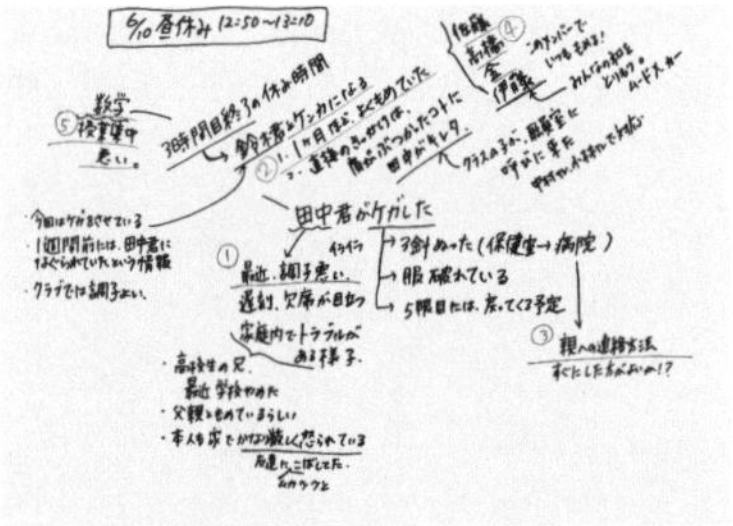

じゃあ、今、問題は、これと、これとやなあ（課題の切り分け）。

or

じゃあ、今、問題は、ドレとドレとドレと思う？

4

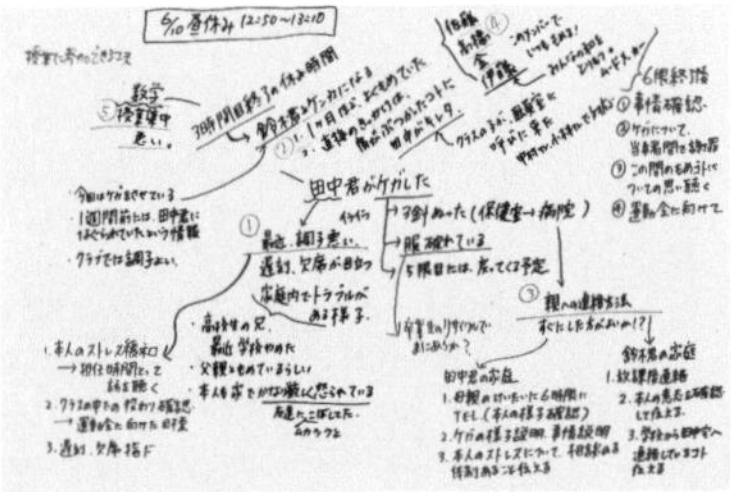

それで、どうしたい？

どうすればいいと思う？

(再発散)

教頭先生の意見も聴いてみよか？（スーパーバイズ）

5

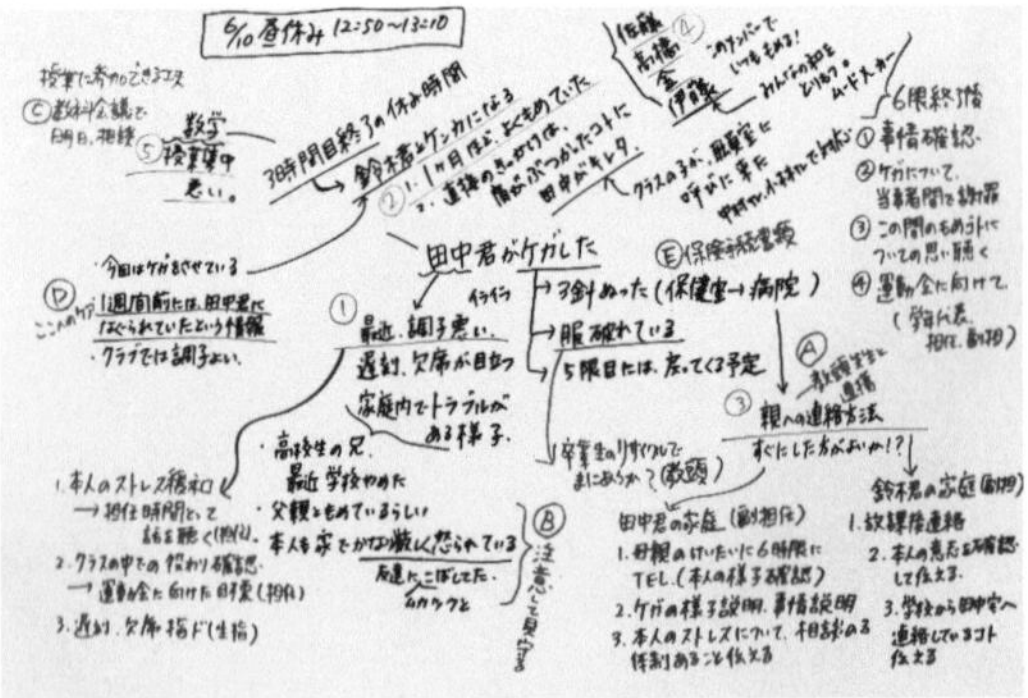

OK。じゃあ、誰が何するか決めて動きだそう！

(活用)

会議サンプル　やってみよう！　教室で事件が起こったときの20分ホワイトボード・ミーティングの例

1

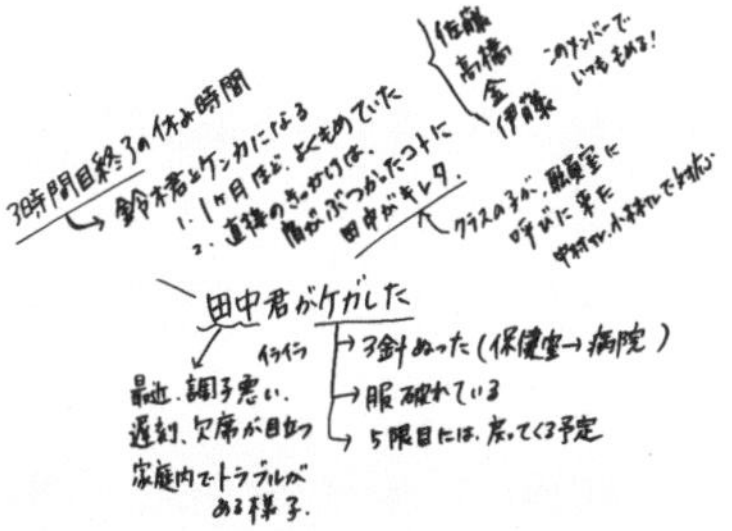

何があったん？　とにかく、簡単に状況説明してみてください（発散）。

2

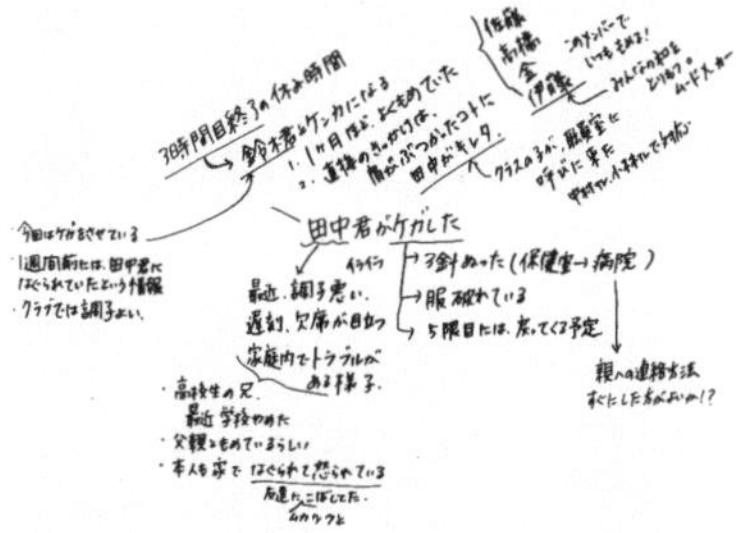

そうなんや。ほかに知ってるコトある人、教えてください。

ほかに何か共有しておいたほうがよいことある？

（発言のない人にも聴く）

●**オープンクエスチョン**（イメージ共有）
エピソードを引き出し、具体例を共有する。

「というと？」「具体的には？」

●**クローズドクエスチョン**（確定情報共有）
分量を数字で共有する。

「全体で何人？　そのうち参加は？」

＊情報格差が大きい場合は、情報をもつ人から５分程度、最初に話を聴き、暗黙値（知）や経験値（知）を共有する（波長合わせ）。

＊どんな情報を共有すれば波長が合っていくのか。工夫して問いを立てます。具体的な数字の共有は必ずします。

これまでに寄せられた会議の感想

自分の話をしたり、意見を言ったりできる環境があるとホッとするということがわかりました。日頃の授業のなかでも、子ども一人ひとりが安心できるような場をつくっていきたいと思いました。

同じ意見を並べて悩むのではなく、書き出して、整理しながら進めていくと、学校の良さが改めて見えました。

全員参加型の会議をおこなうことで、さまざまな意見を聴くことができました。会議のスタイルによっても意見の出やすさの違いがあることが発見でした。

会議。とても大切なことですが、確かに良い会議って少ない。良い会議にしなくちゃと思っている人も少ないのかもしれません。思っていても、そのテクニックがない人が多いのかもしれない。多くの人が気持ちをもち、技術を身に付ければ教育が変わるかもしれないと思いました。

会議が圧巻でした。このホワイトボードを使って練り上げていく、自分たちで方法を見つけ、決定していく。こんな学年会議にしていけたらと思います。

意見の出やすい雰囲気をつくるアクティビティを紹介してもらえてよかったです。一人ひとりの意見をホワイトボードに書くことで、その人の意見が認められる。そのことにより、会議における自尊感情を育てる助けになるのではないか。ロングホームルームなどでも、ぜひ実行してみたいです。また、私自身が「好意的な関心の態度」で聴けているかどうかを意識したいと思いました。

経験値（知）と暗黙値（知）を標準化する

経験年数も違う。教科も違う。性格も違う。生活環境も違う。違うことだらけの教職員が力を合わせて共に進める唯一の理由は「子どもたちの豊かな学びの創造」というゴールがあるからです。ここさえ一致していれば、ほかはバラバラのほうがむしろ楽しい。ただし、互いをつなぐ方法をもっていないと、違いが際だち、分裂が進みます。ファシリテーションは、バラバラの教職員を上手につなぎます。

その一例です。経験値（知）、暗黙値（知）という言葉があります。経験したからこそ、知っていること。暗黙の了解を指します。私の常識、あなたの非常識。わかっているだろうと思っても、実は、まったく伝わっていなかったという経験は、よくあります。ちょっとしたボタンの掛け違いが齟齬《そご》を生み出し、「どうなってるの？」と相手への不信感になる。そんなことは避けたいものです。

あるいは、たくさんの経験値（知）をもつ人ばかりが忙しく動きまわる症状もあります。経験値（知）をたくさんもつ人は、一の情報で一〇動けるので、常に忙がしそうに見えます。周囲の人が、何か手伝いたいと思っても、どんな仕事を抱えているかもわからない。経験値をもつ人も、説明するより自分でやったほうが早いから、仕事を抱え込む悪循環です。やめましょう。

ここでは、経験値や暗黙値を可視化するホワイトボード・ミーティングも練習してみましょう。

会議サンプル　教育講演会の準備を始めよう
経験値と暗黙値を標準化する

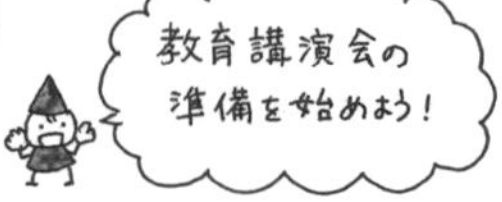

1

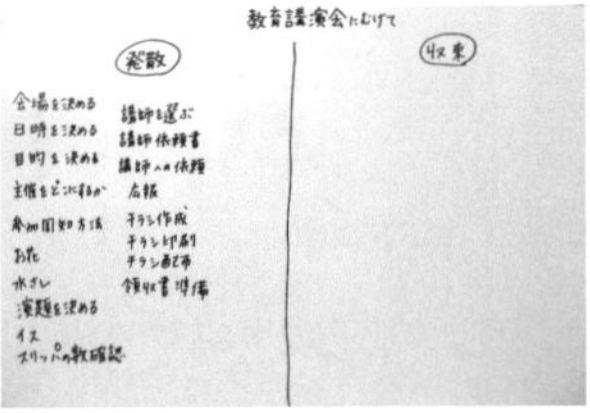

講演会をすることになりました。準備として、どんなことがありますか？　順番にあてていくので、一人ひとつずつあげてください（発散）。
（左側：発散／右側：収束）

2

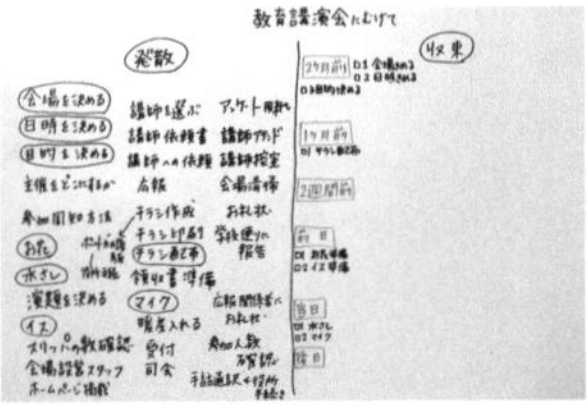

いろいろ、あがりましたね。では、赤で右側に時間軸（2カ月前、1カ月前、1週間前、前日、当日、後日）を切り、番号とチェックボックスを置きながら、時期別にやるべきことを並びかえてみましょう。

3

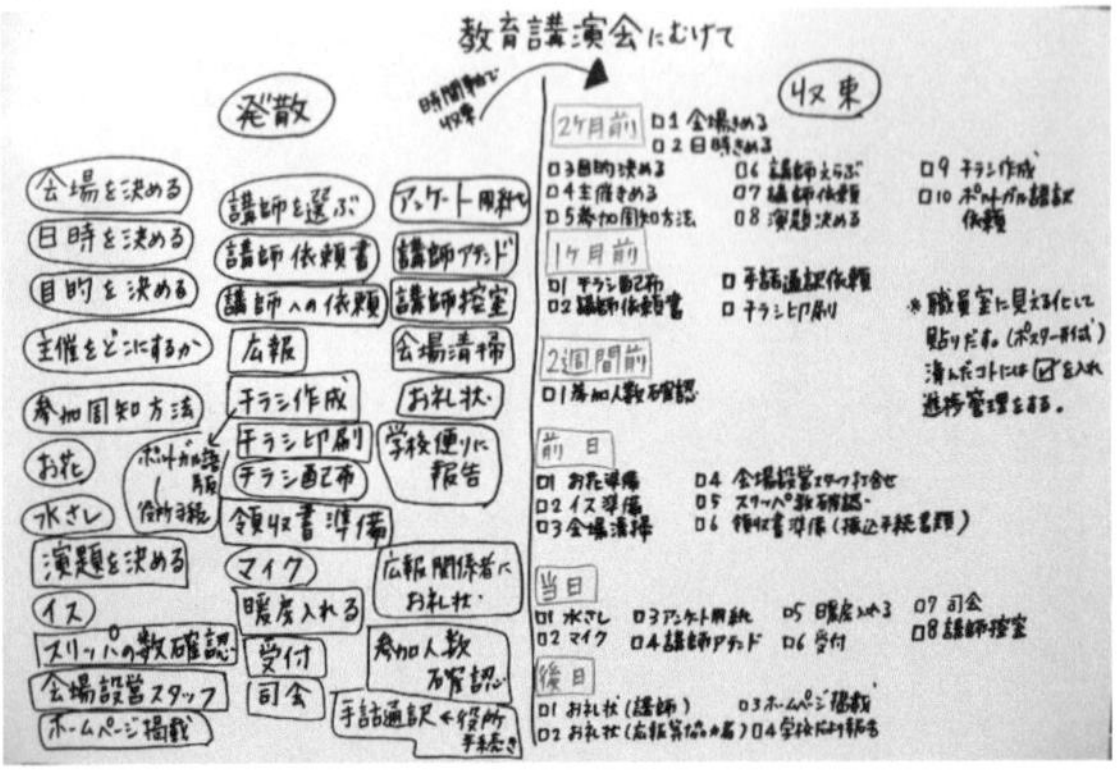

ふむふむ。ナルホド。では、誰がどこを担当するかを決めておきま～す。デジカメで撮影して、あとで役割分担表を作成して職員室に貼っておきますから、進捗状況に合わせてチェックを入れておいてください！

いかがだったでしょうか。

こうしてみると、当日に向け発生する作業や進捗状況の情報共有が進みます。情報共有は、はじめが肝心。可視化してあるから、全員が見通して私たちはチームプレーを育むことができるのです。結果、ダブルワークやトリプルワークを防ぎ、効率的、効果的でもあります。

この二つのアクティビティは、テーマを変えて、さまざまなアレンジが可能です。トライしてください。

上手な引き出し方（主にファシリテーター）

①どんな意見に対しても好意的な関心の態度でまずは受けとめる（中立、対等、同等、エンパワメント）。
②時に、参加者や発言者の気持ちを代弁する。ただし、シンプルな言葉で（代弁、仲介）。
③時に、逆の意見、違う意見を述べて、より意見や対立点を明確にする（焦点化）。
④ゴールとエンドユーザーの視点を明確にする（スーパービジョン）。
⑤あまり意見を言わない人にも意見を聴き、発言回数のバランスを整える（公平、平等）。
⑥ファシリテーターは、まず聴き役。受けとめて書いて、全体共有を進めます。

exercise 6

身近な課題を見つけて、二つの会議を実際にやってみましょう。時間はどちらも約二〇分です。参加者は四人程度にします。やってみて、どうだったか。具体的な感想を共有してみましょう。

7日目 Lesson7

学校の会議を変える④

すべての基本はPDCA

すべての基本はPDCA——いい循環を起こそう！

誰にとっても平等なもの。それは時間です。どんなに苦しいときも、うれしいときも、時間は平等に流れていきます。小学校は六年、中学校は三年。この限られた時間のなかで、めまぐるしく成長する子どもたちの豊かな学びをデザインしましょう。「今日も楽しかった」「この学校を卒業してよかった」「先生や友だちに出会えてよかった」と思える学校生活のクリエイトには、教職員がチームプレーを発揮しながら、戦略的に取り組むことが不可欠です。

その基礎となるのが会議です。ここまで説明をしたホワイトボード・ミーティングを基礎に、年間を通じてやっておきたい会議とその方法を説明します。

すべての教育活動は、ＰＤＣＡサイクルが基礎になります。

P（plan）　計画、方針

D（do）　実行、実施
C（check）　評価、ふりかえり
A（action）　処置、改善

このサイクルを起こしながら、教育活動を積み上げていきましょう。

1 年間方針を立てよう

年度末、年度始めは人事異動や入学、転出入が重なり、学校現場が最も混乱する時期です。だからこそ、効率的、効果的な会議をしっかりやります。夏休みの教員研修で、「四月当初に立てた、学年の年間目標は何でしたか。どのあたりまで達成していますか」と、問いを立てるとポカンと口をあけて、「それって何？」という反応が返ってくることがあります。忙しい日常のなかで、年間方針や目標を立てないまま、あるいは立てたけど、形だけになっている。一部の教師だけが共有している。そんな現場も多いです。

しっかりとみんなで立てて、共有しましょう！

三月、四月はバタバタしているので、必要最低限だけを共有し、じっくり落ち着いた長時間の会議は、子どもたちも本領を発揮し始めた五月に開催するのも妙案です。ただし、その場合も、まずは四月のデザインを、しっかり立てておきましょう。

2 ファシリテーションで議論を可視化

新しい学年が始まりました。こんな経験ないですか。

たとえば、単学級の学年は、子どもたちは小学校一年生から、ずっと同じクラス。閉塞するくらいお互いのことを知っているのに、着任した担任はまったく何も知らない。情報や関係の断絶のなかで、起こるべくして起こった事件に追い回され、子どもたちが力を発揮するステージもないまま、一学期が終わってしまった。

たとえば、隣の学校から転勤してきたが、同じ市内なのに、風土も運営方法もまったく違う。職員会議で、どこまで意見を言っていいのかわからない。自分が学校に慣れるだけで一学期が終わってしまった、等々。

教職員が新しいメンバー構成になると、著しく情報量に差が出ます。

前年から持ち上がりの人、他校から転勤してきた人、新任の人が一つの学年を構成することも珍しくありません。前提として、子どもたちや学校、地域、教職員に関する情報量、教師としての経験年数が違います。だからこそ、経験値（知）や暗黙値（知）も含めて、早い段階でしっかりと情報共有することが、よりスムーズな教職員のチームビルドを育んでくれます。

「よく、わからない」ことは、私たちから見通しや積極性、自信を奪っていきます。物事は最初が肝心。年度始めの「よく、わかる」会議で一緒にスタートラインを切りましょう。

ホワイトボード・ミーティング

年度始めの学年会議をやろう！学年会議の例

●ゴール

①新年度にあたり、１年間の子どもの育ちをデザインするために、まずは、教職員のチームワークの醸成をはかる。

②現時点での子どもたちの情報を共有し（アセスメント）、１年間の学びや集団としての目標（ゴール設定）と計画を立てる（プランニング）。

③１学期の大まかなスケジュールを見通し、子どもと教職員がスムーズに新学期をスタートできるようにしよう。

●会議スケジュール…120分

①自己紹介…20分

学年代表挨拶と「私を語る10の言葉」（155頁）で自己紹介。

②子どもたちの様子を共有…45分（１クラス@15分@３クラス）

前年度担任を招き情報共有。必要であれば、SSW（スクールソーシャルワーカー）やSC（スクールカウンセラー）などが同席。集団像、個別の様子をザクッと共有する。友だち関係マップ（86～87頁）で可視化し、子どもたちの状況を効率的に共有します。

③子どもたちの育ちを計画する…25分

共有した情報をもとに、子どもたちの課題を割り出し、学年としてめざす子ども像、集団像を言語化し、学年キャッチフレーズを決めます。また、最初のクラス開きの進め方や教室ルールなどを共有します。

④１学期の予定を共有…25分

行事や教科の進め方など。１学期を概観します。教育活動の山場がどこにあるかをしっかりと共有し、そこに向けて、子どもの学力やクラスづくりの積み上げをイメージし、役割分担を確認します。

⑤ふりかえり…５分

一人ひとりの教職員が、感想を簡単に述べ、共有。拍手２回で送る（185頁参照）。

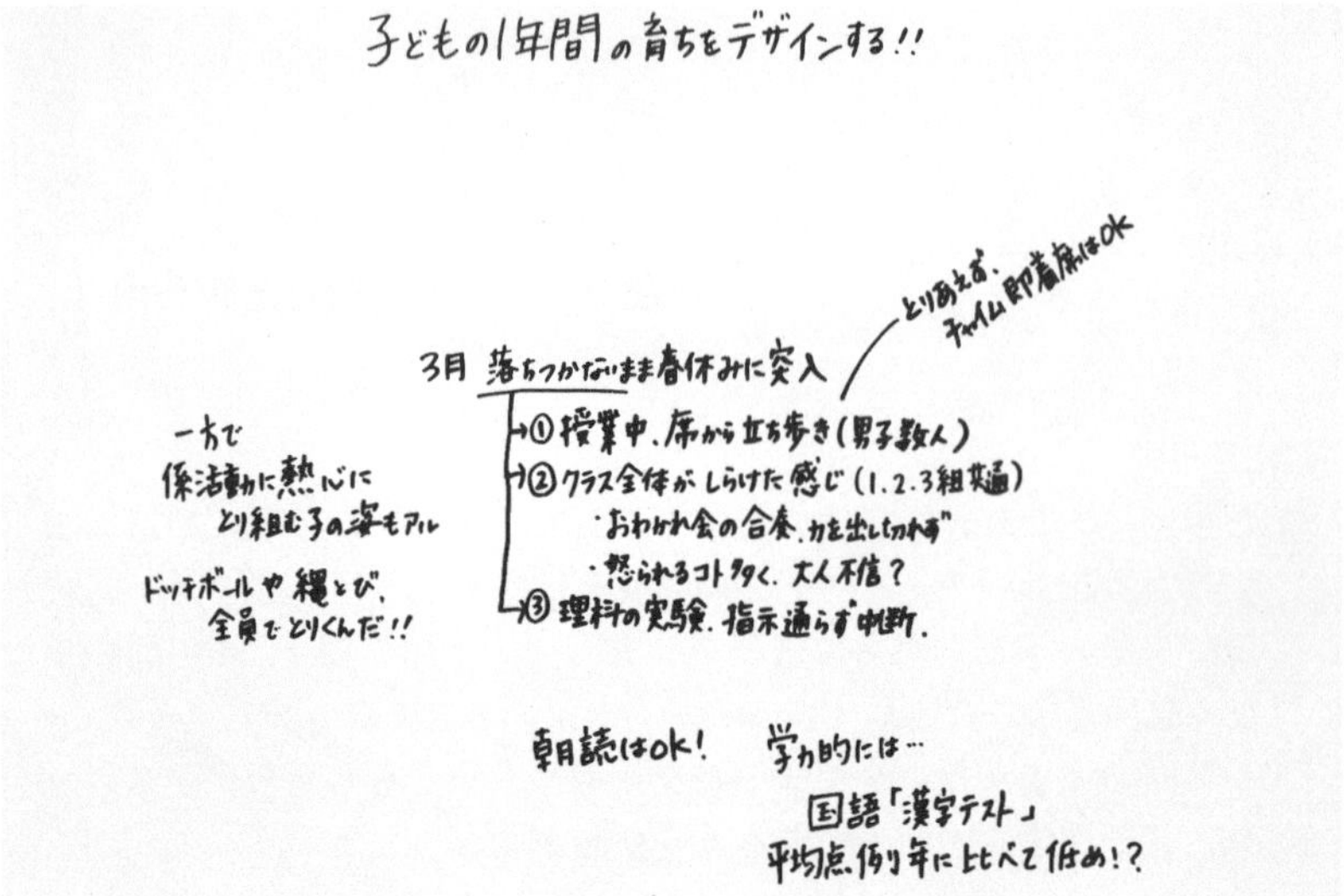
子どもの1年間の育ちをデザインする!!
とりあえず、チャイム即着席はOK
3月 落ちつかないまま春休みに突入
①授業中、席から立ち歩き(男子数人)
②クラス全体がしらけた感じ(1.2.3組共通)
・おわかれ会の合奏、力を出し切れず
・怒られるコト多く、大人不信?
③理科の実験、指示通らず中断。
一方で
係活動に熱心に
とり組む子の姿もアル
ドッチボールや縄とび、
全員でとりくんだ!!
朝読はOK!
学力的には…
国語「漢字テスト」
平均点例年に比べて低め!?

●会議（子どもの一年間の育ちのデザイン）

①会議は時間どおり始めます。最初に終了時間を確認し、時間内に議論が着陸することをめざします。延長するときは、その時点で了解を求めます。

②会場は職員室の片隅ではなく会議室でおこないます。ホワイトボードに平行に机を置き、参加者全員がホワイトボードを見ながら進めます。

③会議のゴールを共有します。言葉と文字で共有しましょう。

④ファシリテーターは、ホワイトボードと机の間に立ちます。参加者一人ひとりに好意的な関心の態度を向けながら、まずは順番に、背中をポンと押すように意見を求めます。

⑤ファシリテーターは聴き役、受けとめ役です。参加者のつぶやきを拾って、どんな意見が出ても書いて受けとめます。共感できない意見も、まずはちゃんと受けとめましょう。

⑥参加者はサイドワーカー（良き参加者）です。一人で話しすぎず、聴きすぎず。時間を上手に共有しながら、全員が気軽に発言できる環境づくりを心がけます。互いの意見を聴き合う態度が肝

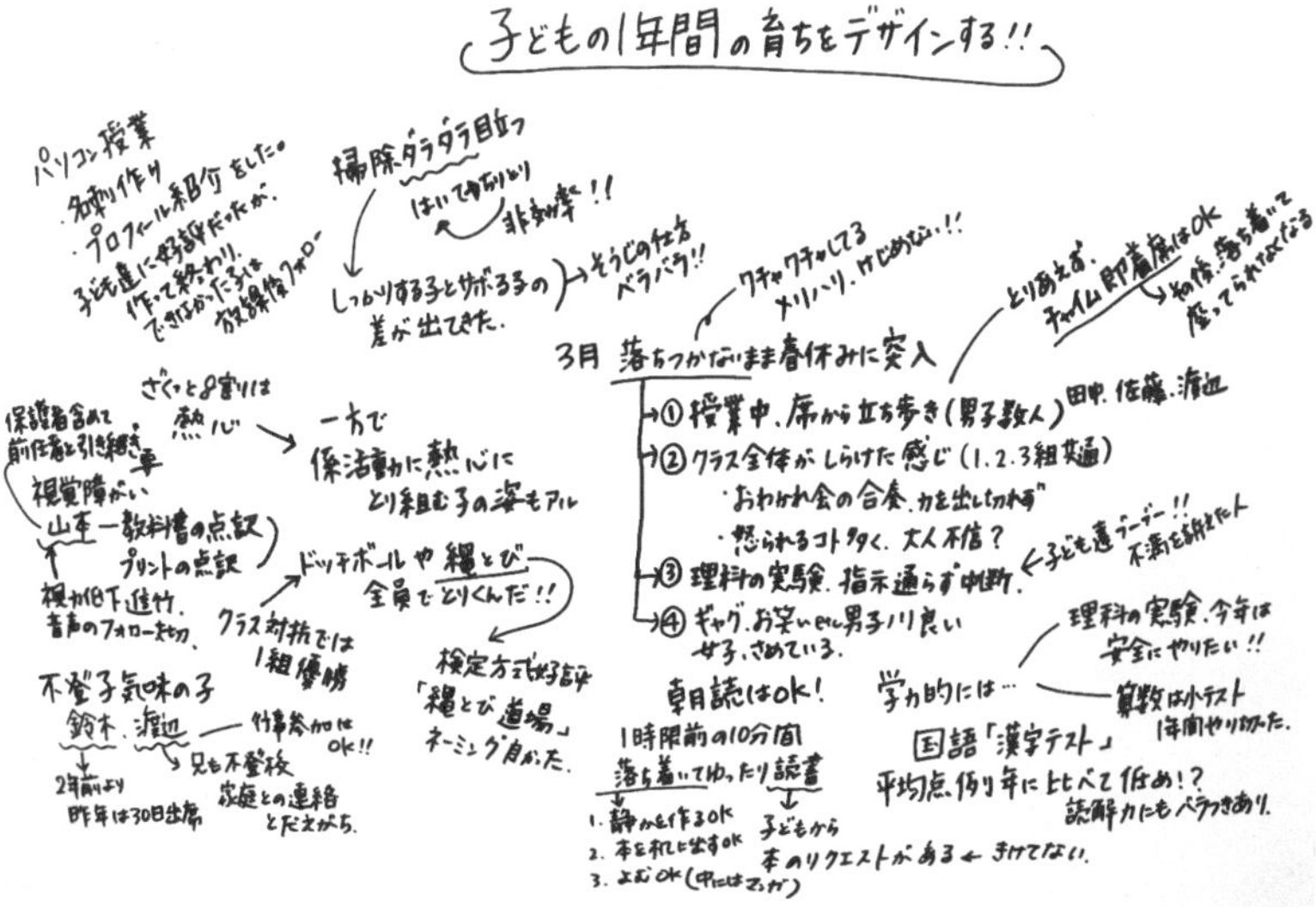
子どもの1年間の育ちをデザインする!!
パソコン授業
掃除ダラダラ目立つ
3月 落ちつかないまま春休みに突入
①授業中、席から立ち歩き（男子数人）
②クラス全体がしらけた感じ（1.2.3組共通）
③理科の実験、指示通らず中断。
④ギャグ、お笑い好し男子ノリ良い 女子、さめている。
朝読はOK!
学力的には…
国語「漢字テスト」
不登校気味の子
ドッヂボールや縄とび 全員でとりくんだ!!

心です。

⑦ファシリテーターは、参加者の発言をできるだけそのまま、ホワイトボードに書いて意見を蓄積します。まとめたり要約はしません。まずはそのまま受けとめます。

⑧意見の帰属を外すために、最初の発言者の第一声をホワイトボードの真ん中に書き、後は、あちこちに書き散らします。やがて誰の意見かわからなくなることが肝心です。全員の意見で一枚のホワイトボードをつくりこんでいきます。

⑨発散のとき、ファシリテーターがよく使う言葉は「というと？」「具体的には？」「イメージは？」。オープンクエスチョンで、意見を引き出し、全体で共有します。数字などの確定情報はクローズドクエスチョンで明確に共有します。

⑩会議のなかに「発散↓収束↓活用」のサイクルを起こします。年度始めは、最初の発散に時間をかけることが特に肝心。まずは時間を決めて、自分のもっている情報や意見を自由に発言します。

⑪最初の発散は「四月に入って子どもたちの様子はどう？」というようなバクッとした質問でOKです。一人ひとりの教師が発言

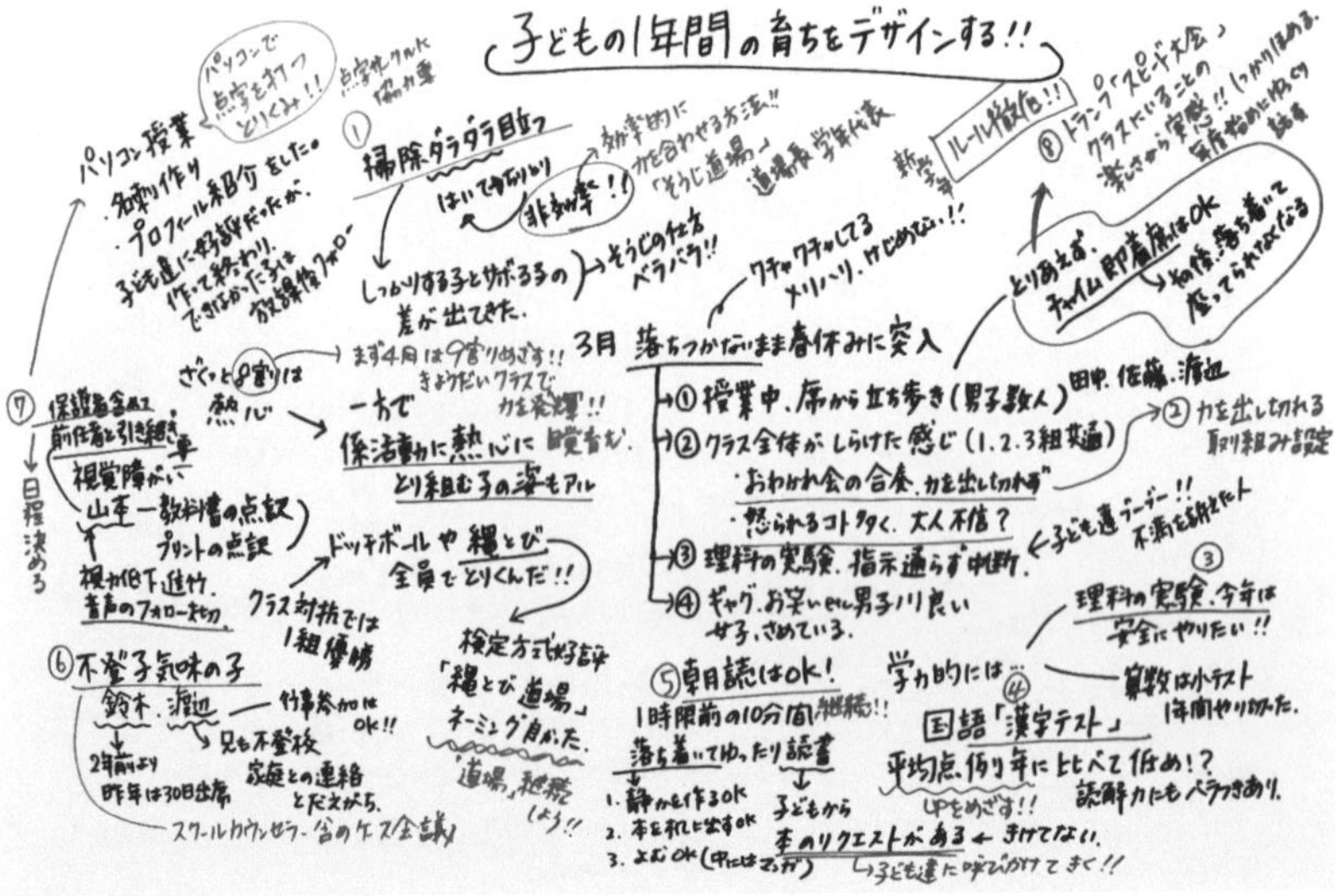

し、情報共有を進めます。

⑫たとえば、「子どもたちが落ち着かない」という発言があれば、ファシリテーターは、「というと、具体的にはどんな感じですか？」と掘り下げて、引き出し、情報共有を進めます。

⑬この情報共有を丁寧にすると、あとの収束はとてもスムーズです。前年度の担任がいれば、さらに情報共有は進みます。必要な部分には、スクールカウンセラーなども同席し、みんなで情報共有しましょう。

⑭発散が終われば、軸を立てて収束します。まずは課題を切り分けましょう。ホワイトボードに書き散らした言葉のなかから、子どもたちの課題を端的に示す文を赤色で囲んだり、線を引きます。

⑮一枚のホワイトボード一面に意見が発散されていれば、五〜六個程度に課題が切り分けられると思います。順不同で番号をふります。

⑯たとえば①〜⑤の番号がふられたとしたら、まず一学期は、そのうちの三つ程度の取り組む課題を選びます。五つの課題を見通して、三つを取り組むことが肝心です。

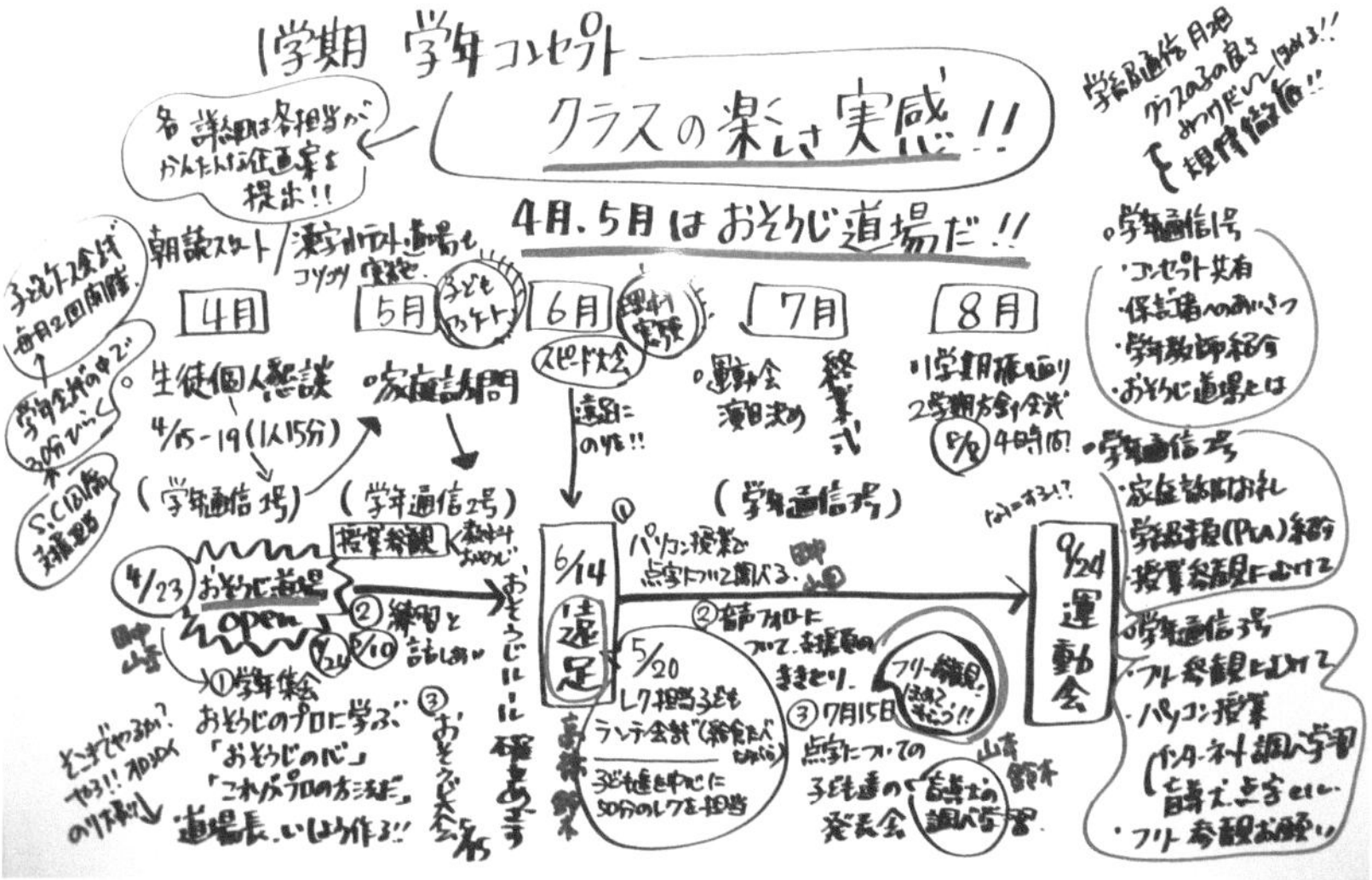

⑰子どもたちの情報が共有され、集団としての課題が整理されたら、いよいよゴールの設定です。一年を通じて、どのような学びや集団を育みたいのか。意見を出し合います。十分に発散した言葉のなかにはすでにヒントがたくさんあります。

⑱一年かけてめざす方向性が出たら、まず一学期の取り組みのゴールを決めます。一学期のキャッチフレーズも見つけましょう。

⑲いよいよ具体的な手立てを考えます。二枚目のホワイトボードに一学期の取り組みを時系列に書き出し、山場となる行事を決めたら、子どもたちの成長を積み上げる集団づくりの手当てを考えます。

⑳最後にホワイトボードをデジカメで撮影します。個人情報は取り扱いに十分注意が必要です。会議終了後、記録を整理し、他学年とも共有しましょう。

議論は情報共有（発散・黒）→課題の抽出（収束の軸立て・赤）→取り組む課題の選定→ゴール設定（赤）→手立ての立案（活用プログラム・青）の流れになっています。

よくある失敗は、⑲の手立てに時間をかけて、それ以外はすっ飛ばしてしまう会議です。手立ては、子どもたちの「見立て（現状分析)」と「ゴール(目標)」が共有されて初めて設計できます。どんな学級、学年にしたいのか。方針の見えにくい教室は、子どもたちも目的を見失いがちです。荒れやいじめが起こりやすくなります。お互いの強みを活かし、子どもの育ちを支える教職員のフォーメーションを組みましょう。ホワイトボード・ミーティングでは、ちょっとした子どもの様子も、貴重な意見として可視化します。

実際の教育現場は、なかなか厳しい状況があります。「ほかのクラスの担任とうまく話ができない」「隣のクラスでいじめがあったことを、ほかの学年の先生から聞いた」など。特に小学校は「学級王国」化しやすい土壌があり、担任がつい抱えこんでしまいがちです。課題が発見されたときには「重症化」していることもよくあります。形式的な会議で疲弊することもありますよね。

でも、やっぱり、学校現場はチームプレーなのです。自分一人の判断で動くのは怖いし、また、あとから管理職や他の先生方に迷惑をかけるかも……と思うと、なかなか思い切った行動もできません。そんなとき、会議でちゃんとルールやトラブル対応マニュアルが決まっていたら、誰もが自信をもって子どもたちとかかわることができます。余計な混乱を引き起こさずに、子どもたちの力を温め、引き出すことができる。そのためには、ファシリテーションを効かせた会議にどんどん自分も周囲も慣れることが肝心です。どうぞ、小さな打ち合わせからホワイトボード・ミーティングにチャレンジしてみてください。応援しています!

●会議カレンダー

会議の日程や時間は、あらかじめ決めておきます。何を今さら……と思われるかもしれませんが、決まってない現場も多いです。決めたら守ります。できるだけ回数や時間を減らすためには、会議と会議の構造化や有機的な連携を設計します。同じ内容を会議人数を増やしながら繰り返すというような会議だけはしません。

●校内研修などを活用して会議の練習をしてみよう

各学年のホワイトボードを共有します。１分ずつの発表でも、ホワイトボードを見れば、どんな議論になったのか、何が決まったのかが一目瞭然にわかります。子どもたちの情報も共有しやすいので、他学年との連携もとりやすくなります。

●方針の具体化…1学期の3つの山場確認

①お掃除道場オープン（4月23日学年集会）（担当　田中／山本）

1　学年代表が道場長　「道場の目的共有」
2　学年集会で「プロ」を招いて学習　「お掃除の心とこれがプロの技」
　→周辺で協力してもらえる人を探す（事業所？／保護者？など）。
　→前任校で掃除の取り組みを進めていた先生を招く。
　→日程がないので、協力者が見つからない場合は、道場長が「プロ」として登場。
　5月15日の「お掃除大会」に本当の「プロ」に来ていただく（至急探す）。
3　4月21日、5月10日話し合い（方法決め）と練習。
4　5月15日お掃除大会。「道場の成果を共有」「表彰」（写真で掃除風景共有）。
5　授業参観日、昼休みに掃除参観。保護者の感想を集め学年通信で共有。

②遠足にむけて（6月14日）行き先候補○○○（担当　高橋／鈴木）

1　下見を実施し、詳細スケジュール確認。
2　5月20日にレク担当の子どもランチ会議実施（給食食べながら）。
3　子どもたちを中心に50分のレクを進行。担任が補助に入る。

③パソコン授業と総合学習で「点字」を学ぶ（担当　山本／鈴木）

1　パソコン授業で点字について調べる。
2　視覚障がい者のパソコン使用について調べる（音声読み上げソフトなど）。
3　山本くんの音声フォローについて、支援担当者からお話。
　→本人と事前に話。保護者とは家庭訪問時に確認。
　→支援担当者と打ち合わせ。
4　盲導犬、点字、パソコンについての調べ学習発表会（7月15日）。
　→フリー参観日にする。
　→社会福祉協議会の人などに呼びかけて、子どもたちの発表への講評をもらう。

＊子どもケース会議を毎月2回開催（1時間／第2・4水曜日）。
　→学年会議内での開催。必要であれば、SCなどに同席をお願いする。
＊子どもアンケート5月実施。
＊理科実験6月実施。掃除でルールなどを徹底し、安全確保の環境をつくることが目標。
　→授業中の立ち歩きがない状態で、「静かを作る」が成立することが実施ライン。
　→4月の「子ども個人懇談」で、子どもたちにしっかり愛情とルールを伝える！

200X年4月4日作成

200X年度　第5学年　第1回会議スコア

○日時　200X年4月3日　13時～15時
○場所　会議室
○参加　田中／山本／山田／鈴木／高橋／渡辺
（前年度担任情報共有の部分のみ参加）
＊参照　ホワイトボード画像2枚

●1学期の学年コンセプト

「クラスの楽しさ実感！　4月、5月はお掃除道場だ！」

●1学期目標

①取り組みのなかで、効率的に力を合わせる方法を学ぶ。
②ルールに支えられたクラスの一体感や子どもの達成感を育む。
③以上を通じて、子どもたちがクラスの楽しさを実感できる学年づくりに取り組む。

●子どもたちの現状

1　3月、落ち着かないままに春休みに突入（メリハリ、けじめがない）。
2　授業中の立ち歩きが目立つ。男子3人。
3　クラス全体がしらけた感じ（3クラス共通）。
4　お別れ会の合奏で力を出し切れず→力を出し切れる取り組み設定必要。
5　怒られること多く、大人不信の様子が見られる。
6　理科の実験。指示が通らず中断（2組。不満たまる原因）。
7　男子はお笑いギャグ連発で乗りいい。女子は冷ややかに見ている。
8　掃除ダラダラ目立つ。非効率（掃く→チリとり下手）。
9　掃除、しっかりする子としない子の差がある(掃除の方法バラバラ。不満たまってる)。
10　パソコン授業は名刺作り、プロフィール紹介。子どもたちに好評。
11　係活動に熱心に取り組む姿がある。ざくっと8割は熱心。
12　朝読OK。落ち着いてゆったりし読書できている(静か→本を出す→読む)。漫画有。
13　子どもたちから本のリクエストがあるが、実現できていない。
14　ドッジボールに全員で取り組んだ。
15　縄跳びに全員で取り組んだ。検定方式好評。「縄跳び道場」ネーミングがいい。
16　国語「漢字テスト」。例年に比べて平均点低め。
17　国語「読解力」にもバラツキあり。
18　算数テストは小テストやりきった。効果あり。
19　不登校の児童について（別紙）
20　特別支援の児童について（別紙）

●何かあったら、すぐに20分会議

事例：ボランティア体験に向けた学年集会について

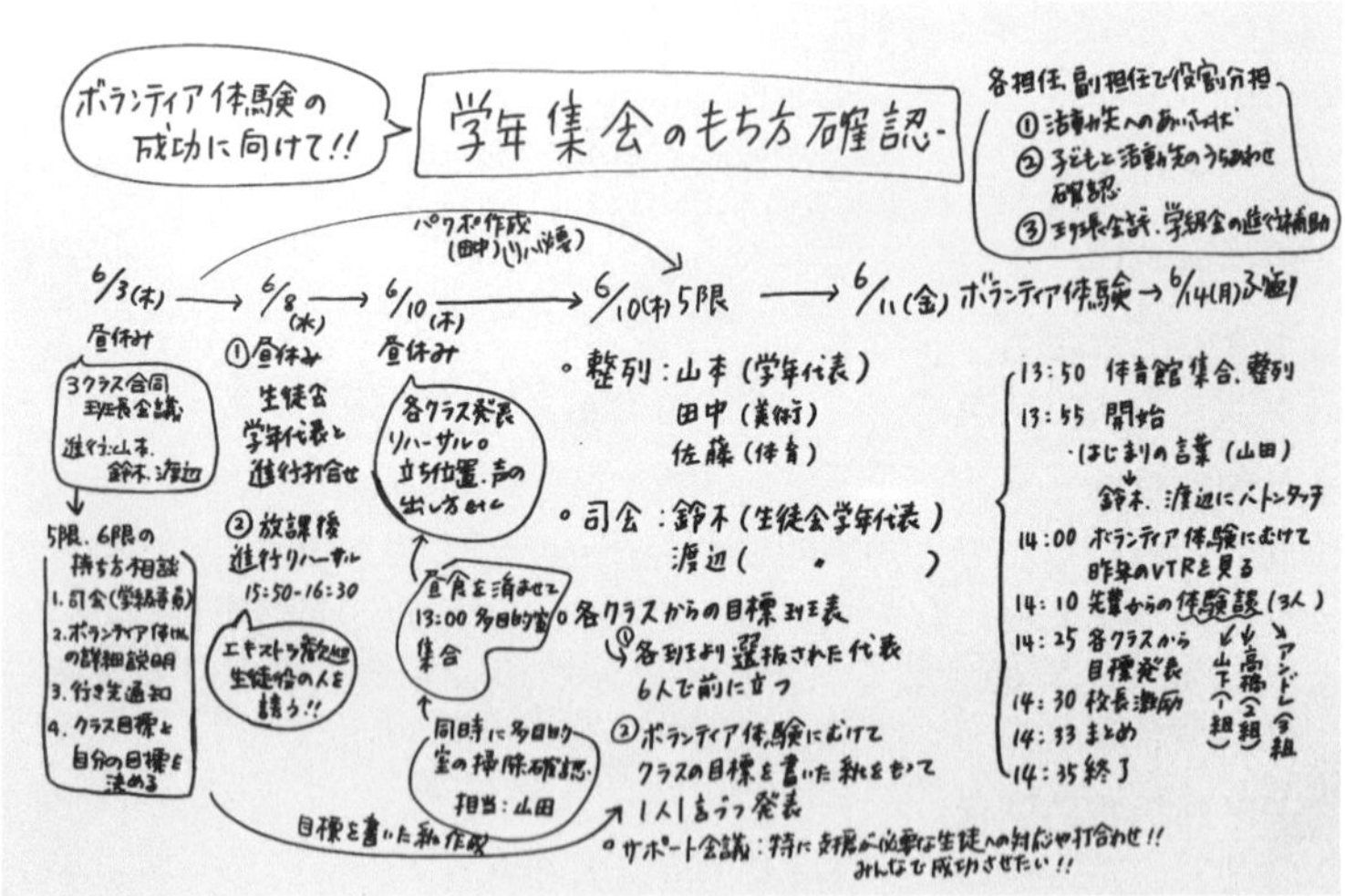

●子どもとのグループリーダー会議

事例：遠足でのレクリエーションを決める

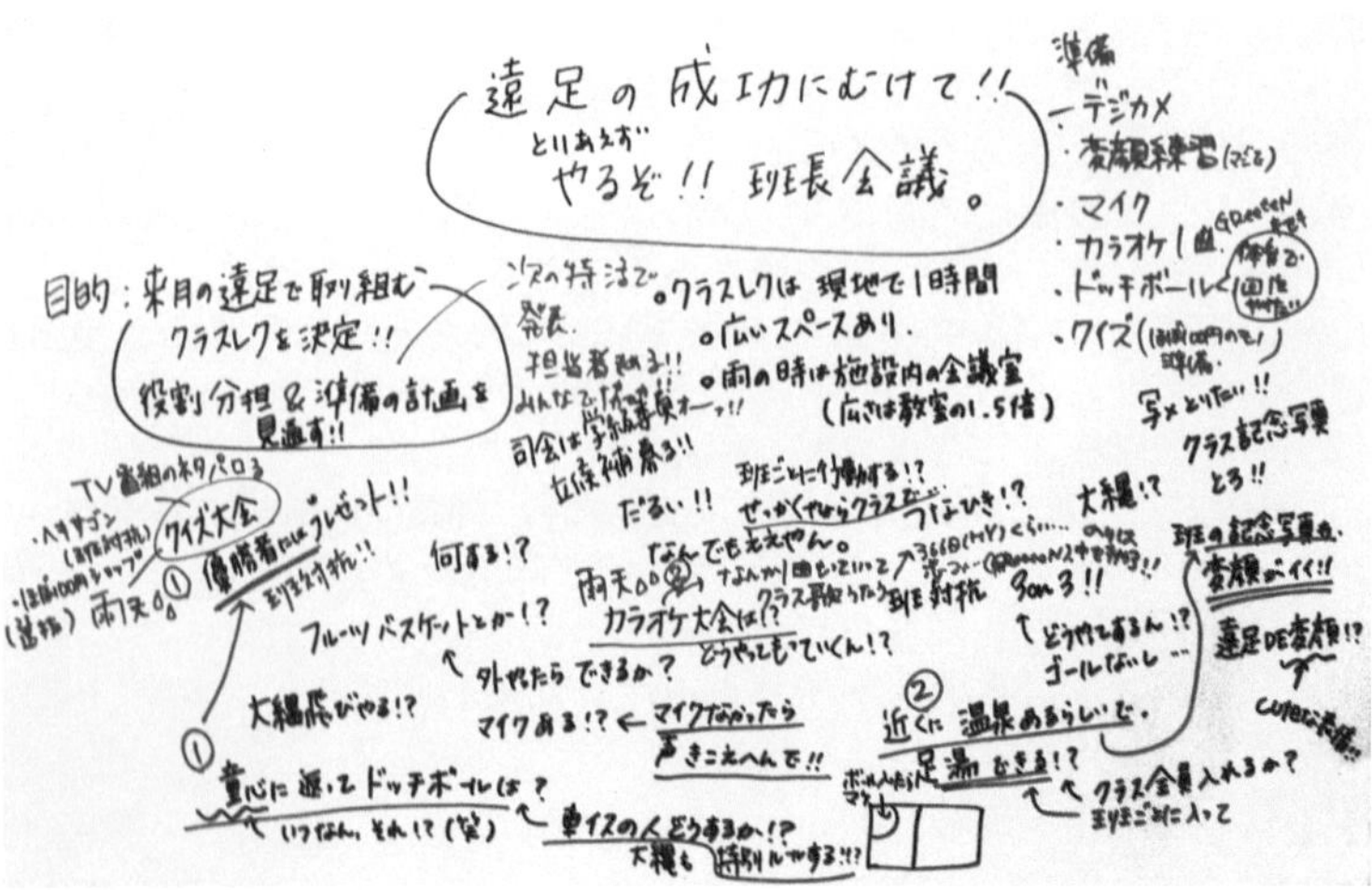

子どもは共に学校をつくるパートナー

学校、学年、学級。その運営を考えるときにけっして忘れてはいけないのは、子どもたちの姿や声に学びながら、方針を立てることです。お客様の声を無視した商品開発はありえないのと同様に、子どもたちの声を無視した教育活動はありません。商品なら売れないので淘汰《とうた》されますが、子どもたちには、選択の余地はありません。その意味でも、しっかりと子どもたちの声に学び、共に歩もうとする姿勢が必要です。子どもは学校のお客様ではない。共に学校をつくるパートナーです。

学級通信、交流ノート、個人面談、家庭訪問、役割会議、生徒会やクラブ活動など、子どもたちの意見を聴く場やアクティビティはたくさんありますが、本書では、「子ども理解の3・3・3――みる・きく・しらべる」アクティビティを二つ紹介します。アクティビティで気づきを得たら、直接、子どもに意見を聴いてみましょう。

子ども理解の3・3・3

子どもの実態把握と集団分析のアクティビティ「友だち関係マップを作ろう」を紹介します。若返りが進む大阪の教育現場で、若い人たちに集団づくりを継承したいとの願いから、教師を対象とした研修で、多くの方に気づきや発見を促すアクティビティとして、神村《じんむら》早織先生（大阪教育大学）が作成したものです。

方法はいたってシンプル。学年会議などで取り組んでください。

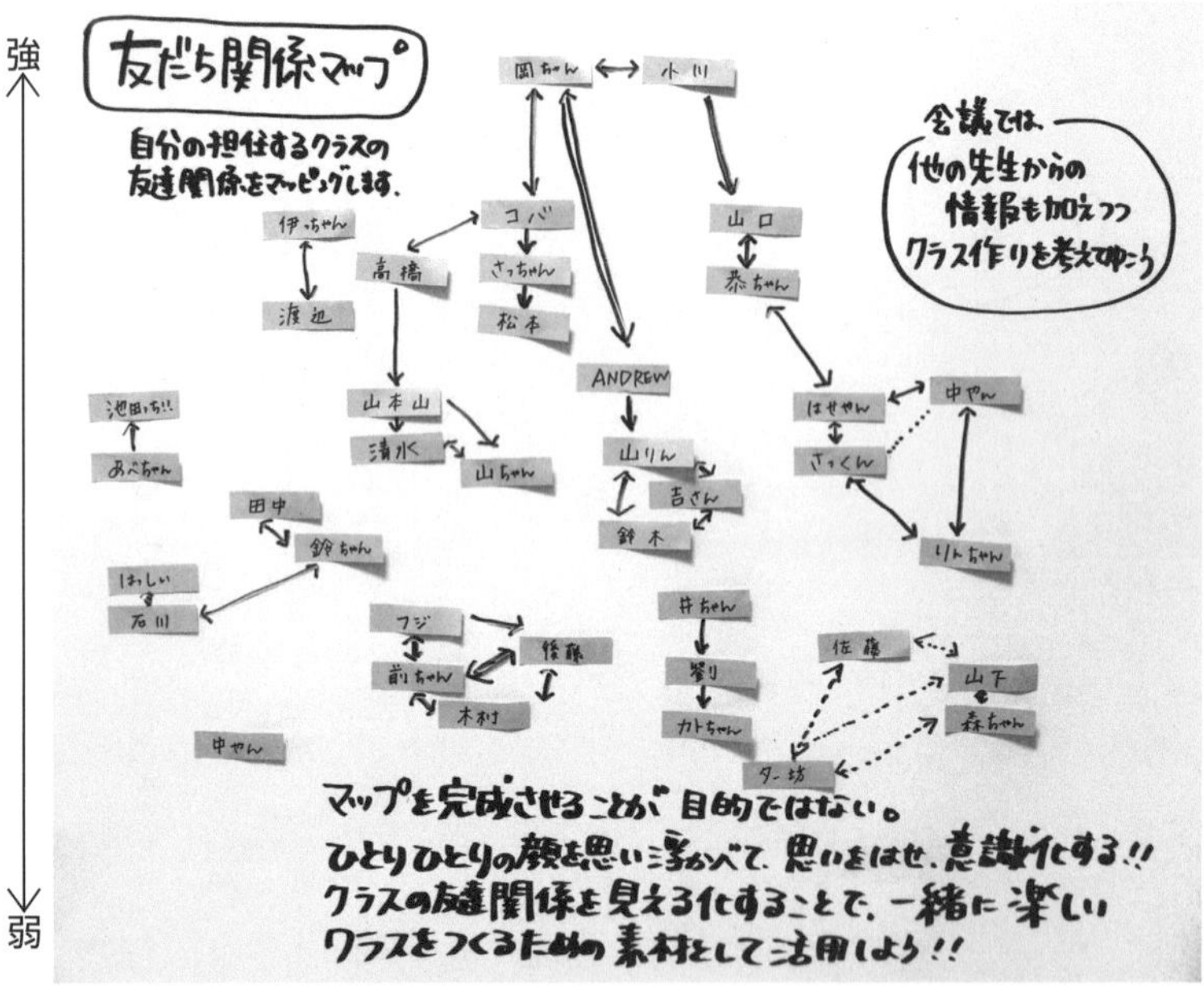

④友だち関係マップ作りで子どもたちの関係を可視化したら、教師の立ち位置や子どもを見る視点を深めていきます。具体的な集団づくりをどのように進めるのか。子どもたちの顔を思い浮かべながら方針を立てます。このときも大切なのは、教師だけの思いで子どもたちを動かそうとしないこと。子どもをコントロールするのではなく、子どもと一緒に1年間の学びや集団育成のゴールを共有しながら、共に考えていく素材にします。

⑤特に年度始め、年度末の方針や総括、学期ごとのふりかえりの際に、学年会議で可視化し共有しながら、しっかりと議論していきましょう。

＊参考：ホワイトボードシートに活用しやすい製品
コーワライティングシート（1本25シート）　http://www.kowacorp.jp/index.html

ACT⑤ 子ども理解の3・3・3――みる、きく、しらべる「友だち関係マップを作ろう」

●準備物

小さな付箋、ホワイトボードシート、マーカー

●進め方

①クラス全員の名前を小さな付箋に書きます。まずは名簿を見ず、自分の記憶を頼りにクラス全員の名前を書いてみましょう。

②どうしても思い出せない子がいたら、名簿を見て確認します。思い出せないと子どもに申し訳ないですよね。その気持ちを大切にしてください。今後は、もう絶対忘れないはずです。

③ホワイトボードシートに子どもたちの名前を並べます

1：子どもたちの力関係をシートの上下軸に沿って並べます。

2：子どもたちのつながり、いじめや対立関係をホワイトボードマーカーで二重線、一重線、点線などで書いていきます。付箋とホワイトボードマーカーは、何度でも貼り直し、書き直しができるので、気軽に取り組めるのが特徴です。書いては消し、消しては書きを繰り返しながら、完成させてみましょう。

3：子どもたちの集団における位置や関係を客観的に可視化してみると、「付箋の置き場所がわからない子どもの存在に気づく」教師にとって、つらい瞬間がやってきます。日頃から「手のかかる子」「気になる子」「頼りにしてる子」「目だつ子」ではない、印象に残りにくい子もしっかりと意識化して、集団のどんな場所にいるのかを考えます。わからなければ、子どもに聴いてみましょう。自分の目や思いの届いていない子の声を聴いてみる。そのきっかけづくりのアクティビティでもあります。

●授業のこと

①楽しい授業があります。 5----4----3----2----1
②そうかあ、わかった、できた、と思うときがあります。 5----4----3----2----1
③チャイムが鳴って、終わるのが残念な授業があります。 5----4----3----2----1
④授業中、自分の意見を安心して話しています。 5----4----3----2----1
⑤プリントは、ちゃんとファイルに保管しています。 5----4----3----2----1
⑥授業のルールを守っています。 5----4----3----2----1
⑦わからない授業があります。 5----4----3----2----1
⑧授業のことで意見があれば書いてください。

●その他、学校生活

①休み時間は、友だちと一緒に遊んでいます。 5----4----3----2----1
②休み時間は楽しく過ごしています。 5----4----3----2----1
③お弁当、給食の時間が楽しみです。 5----4----3----2----1
④行事などで、達成感やクラスの一体感を感じます。 5----4----3----2----1
⑤学校に、ほっとできる時間や場所があります。 5----4----3----2----1
⑥学校から帰るとき、「1日楽しかった」と思います。 5----4----3----2----1
⑦困ったときや悩んだとき。相談できる先生がいます。 5----4----3----2----1
⑧学校生活について意見があれば書いてください。

●生活のこと

①朝ご飯を食べて学校に行きます。 5----4----3----2----1
②朝、学校に行くのが楽しみです。 5----4----3----2----1
③十分な睡眠時間をとっています。 5----4----3----2----1
④ゲームやテレビ、ネット、メールは時間制限があります。 5----4----3----2----1
⑤放課後や休日は、友だちと遊んでいます。 5----4----3----2----1
⑥生活についての意見、そのほか何でもよいので書いてください。

＊このアンケート用紙は「学校が元気になるファシリテーター入門講座」(2008年8月)の参加者が発散した意見をもとに作成しています。

ACT⑥ 子ども理解の3・3・3――みる、きく、しらべる「子どもの意見表明アンケート」

年　　組　　番　なまえ（　　　　　　　　　　）

このアンケートは、一人ひとりの児童、生徒にとって、学校がより豊かな学びの場となることをめざして実施します。あなたの意見を聞かせてください。

以下の質問について、あてはまるところに○をつけてください。自由記入欄には、意見を自由に書いてください。

5 かなりあてはまる
4 あてはまる
3 どちらともいえない
2 あまりあてはまらない
1 ぜんぜんあてはまらない

●友だちのこと

①朝、学校に来たとき、みんなと挨拶をしています。	5----4----3----2----1
②仲よく遊ぶ友だちがいます。	5----4----3----2----1
③うれしいことや悩みを話せる友だちがいます。	5----4----3----2----1
④失敗しても、友だちにバカにされません。	5----4----3----2----1
⑤困ったとき、助けてくれる友だちがいます。	5----4----3----2----1
⑥いやなことをされたら、相手にやめてと言います。	5----4----3----2----1
⑦きつく言われたり、遊んでもらえないときがあります。	5----4----3----2----1

⑧友だちのことで意見があれば書いてください。

8日目 Lesson8

エンパワメントな教室づくり①

子どもとの信頼関係を構築しよう

教師は身近な大人のロールモデルです

ここまでは、会議を中心に教職員のチームビルドを育む方法を説明しました。ここからは、やっと子どもたちとのかかわりが始まります。

まずは、子どもたちとの信頼関係づくりからスタートしましょう。

子どもたちの前に立ったとき、あなたはどんなメッセージを発信していますか。子どもたちは、あなたからどんなメッセージを受け取っているでしょうか。学校の先生は、身近な大人のロールモデルです。家族やクラブ、塾の先生、近所の人など以外に出会う数少ない大人。それも日々の生活に、大きなかかわり合いをもつ一人です。

子どもたちは、あなたの日常の姿から、体験的に多くのことを学びます。

教職員の会議同様、子どもたちのつぶやきを拾いながら、クオリティの高い「聴き合う」関係、学び合える学級経営、授業実践を積み重ねていきましょう。

子ども同士に「聴き合う」関係を育む前にとても重要なことがあります。それは教師と子ども集団の間に信頼関係が構築されること。これが最初の前提です。まずはここからスタートしましょう。

ゴール（夢）や目標とルール（約束）を共有する

ファシリテーションを効かせた授業では、子どもたちの参加度を高めるために、ペアやグループでの学習を積極的に活用します。このとき大切なのは、教室内でルールが守られていることです。

これがむずかしく、無秩序にワチャワチャと私語が飛び交う状態だと、前に立つ教師は、あちこちに向かって「静かにしなさい」「前を向きなさい」と何度も注意しなくてはなりません。教室のなかに撒《ま》き散らされる、教師の怒りの声。日がたつにつれ、教室の心の温度はどんどん冷めていきます。最悪な循環です。そうならないために、まずは、先生と子どもたちの間で、きちんとルールを共有し、信頼関係を構築しながら共にゴールをめざす関係づくりから始めます。

まずは、教師が自分の言葉で夢や希望を語りましょう。この一年間をどんなクラスにしたいのか。みんなと、どんなふうに過ごしたいのか。クラスや学年は、何をめざしていくのか。遠い目標、近い目標。その両方を自分の言葉でリアルに語り、子どもたちと共有しましょう。大きな声でなくてかまいません。静かな迫力でいいのです。私は真剣にあなたたちとこの一年を共に成長していきたいと願っている。そんなリアルな大人の姿が、今の子どもたちには、特に大切です。笑顔を忘れずに語りましょう。

学年や学期の始めに、学級方針と一人ひとりの目標を共有する

年度始めの学年会議で一年間の教育目標を決めたら、子どもたちとも共有しましょう。小学校一年生は、一年生なりに。中学三年生は、三年生なりに。何をめざして学校生活に取り組んでいくのか。ポイントになる遠足や運動会などの行事も、年度始めにちゃんと見通して、子どもや保護者とも共有します。たくさんの行事や取り組みをやろうと教師がいくら意気込んでも、情報を共有していなければ、子どもたちは主体的に取り組みにくいものです。日程が迫ってきてからあわてても、教師のコントロールの範囲でしか動けなくなります。その結果、本来もつ力を発揮できず、不全感が残ります。

子どもたちの主体性を育むためにも、年度や学期の始めには、学年、クラス、一人ひとりの目標を共有しましょう。たとえば教科学習、クラブ、家の手伝い、友だち関係、塾や習い事など、なんでもかまいません。友だちの目標を知り、学期ごとや一年後にふりかえることで、子どもたちが夢や希望をもって、学校生活を送る枠組みをつくります。

子どもたちは、友だち（＝ピア）からたくさんの影響を受けます。放置しておくと、ピアプレッシャーになりがちです。戦略的にピアサポート、ピアエデュケーショナルな関係を育むためにも、夢や希望、目標の共有は大切です。

そしてルールは夢の実現のためにあります。教師が子どもたちをコントロールして、授業をやりやすいように進めるためではなく、共に夢をめざしていくときの、子どもたちとの大切な約束ごとです。ゴ

ールとルールはいつもセットであってこそ、初めて信頼関係が構築されます。

ACT⑦ 拝啓～一〇カ月後の私へ

● インストラクション例

①新しい学年になって一カ月が過ぎました。四月当初に立てた目標をふりかえってみるとどうですか。目標に向かって歩んでいますか。無理な目標になっていませんか。ほかの目標が見つかったかもしれません。

②今から一〇カ月後、みなさんは〇年生になります。そのとき、今の悩みや目標は、どうなっているでしょうか。

③今日は一〇カ月後の私に手紙を書いてみましょう。今の自分の悩みや目標、昨日あったことなど。何でもかまいません。今の自分の気持ちと一〇カ月後の自分に宛てて書く手紙です。

④この手紙は誰にも見せません。自分だけの大切な宝物です。では、紙を配りますので、書いてみましょう。

＊「三年後の私へ」として、入学時と卒業時に設定し、自分の成長を感じる話題をアクティビティとして活用するなどの工夫も可能です。

まずは、みんなで力を合わせて「静かを作る」

最初に子どもたちと共有しておきたいルールがあります。私は教室におじゃましたとき、必ずといっていいほど「静かを作る」というアクティビティをします。ファシリテーションを効かせた授業は、子どもたちに聴き合う関係（＝対話）を生み出します。その間、教室はざわつきますが、やがて対話したことを全体で共有したり、さらに説明を加えるときには、集中して話を聴く必要があります。このメリハリやけじめ、緩急がつかないと授業進行はむずかしい。教師の注意する声も大きく、多くなり、負の循環がスタートします。だから、ここぞというときには「静かを作る」ルールが守れないと、ペアやグループでの学習はむずかしいのです。

いろんな教室で、「静かになるのが怖い」子と出会いました。

多彩な情報機器があふれる私たちの暮らしは、日常的に音や光の刺激にさらされています。常にテレビや音楽、ゲームやパソコンの機械音が流れている状態に慣れていると、教室のシーンとした静けさを苦手に感じ、意味もなく手足を動かして音を立てたり、不安感から、隣の子と話してみたり、鉛筆をカチャカチャ鳴らしたくなる子もいます。

また、「自分くらいは」と思っていても、教室のあちこちで声が聞こえたり、音が鳴っていると授業進行はむずかしくなります。

友だちと話すときは話す。前を向いて聴くときは、しっとりとした集中をつくりだす。そんなことを体験的に学びルールを共有するために、この「静かを作る」というアクティビティを活用します。

ACT⑧「静かを作る」

●インストラクション例

①今から「静かを作る」ゲームをします。自分が静かにするだけではありません。みんなで力を合わせて、積極的にクラス全員で静かを作ります。

②私が「よーいスタート！」と言ったら、全員で一斉に静かを作ります。目は開けたまま、体は起こしたままです。どうしても笑いそうになったら、手を口で押さえてもOKです。

③せき、くしゃみ、オナラは、がんばって我慢してください。どうしても我慢できなくなったら、体に悪いのでしてもいいです。でも、手も足も動かしません。たまに息を止める人がいますが、危険なので息はちゃんとしてください。何か音が鳴ったらゲームは終了です。

④では、今のうちに、せき、くしゃみ、オナラを思いっきりしたり、手や足をバタバタさせて音を出しておきましょう。

⑤それでは始めます。最初の目標は一〇秒です。一〇秒をクリアしたら次に挑戦です。がんばりましょう。五秒前、四秒前……、よーいスタート！！

普段から、信頼がベースとなるしっとりとした集中をつくっている教室、あるいは大人にとっては、何らむずかしいゲームではありません。でも、日頃ざわついているクラスには、なかなかむずかしいゲームです。最初の目標である一〇秒が、なかなかクリアできない。そんなクラスもあります。

少しずつ記録を伸ばせるようになると、子どもたちも自信を深めていきます。一分、二分、三分できれば、たいしたものです。達成できたら、心から喜び合いましょう。いっぱい褒めてください。できなかったら叱るのではなく、子どもたちと一緒に悔しがって、もう一回、チャレンジするかどうかを子どもたちに聴いてみましょう。教師は子どもたちと向き合うのではなく、一緒にゴールをめざす立ち位置です。子どもたちがやるといえば、やります。一週間後に再チャレンジを誓って、それまでに練習を繰り返すのもアリです。

小学一年生、中学一年生の最初に、体験的に「静かを作る」を学び、ルール化しておくことをお勧めします。ルールをお題目にしないためには、こうした体験的な学びが重要です。

教室は失敗して学ぶ場所

「静かを作る」ときもそうですが、集団で行動するときには、失敗してしまう子もいます。せっかくみんなで力を合わせてがんばったのに、あともう少しのところで失敗する子がいて、おじゃんになってしまう。そんな経験は誰しもあることでしょう。

失敗して、まわりに迷惑をかけるのを恐れて萎縮してしまう子もいれば、わざと失敗して、全体を壊そうとする子もいます。いつも同じ子が失敗して、非難が集中すると、せっかくの子どもたちの間に協力を育むゲームも、いじめのきっかけにすらなります。

ここでも、子どもたちとルールを共有しておきます。失敗したときに「心の体力」が温まる言葉をかけることができる。そんな集団を体験的な学びのなかでつくります。日頃、失敗をしたときに、「心の体力」が冷める言葉をかけられることに慣れている子どもが、温かい言葉をかけてもらったときに見せる「戸惑った表情」を見ると、言葉ってホントに大切だなと思います。日頃の授業やかかわりのなかで、まずは教師が積極的に子どもたちの良いところを見つけて褒める。失敗を励まし、「心の体力」を温める。そんな教室をつくりましょう。

ACT⑨ 失敗したときにかける合言葉

●インストラクション例（教室デザインは105頁のペア学習を参照）

①クラブでも、集団遊びでも、「静かを作る」ゲームでも。あともう少しで成功！　というときに、自分の失敗がきっかけになって、うまくいかないときってありますよね。

②失敗したとき。まわりの友だちや先生の反応って、とても気になります。失敗したときにかけられて、落ち込む言葉、「心の体力」が冷める言葉って、どんな言葉でしょうか。隣の人と話し合ってみてください。

③では、順番に聞いていきます。右側に座っている人が発表してください。

＊教師は言葉を拾って書きます。

④たくさん出ました。ありがとうございました。では、反対に失敗したときに、キュッとなった心がホ

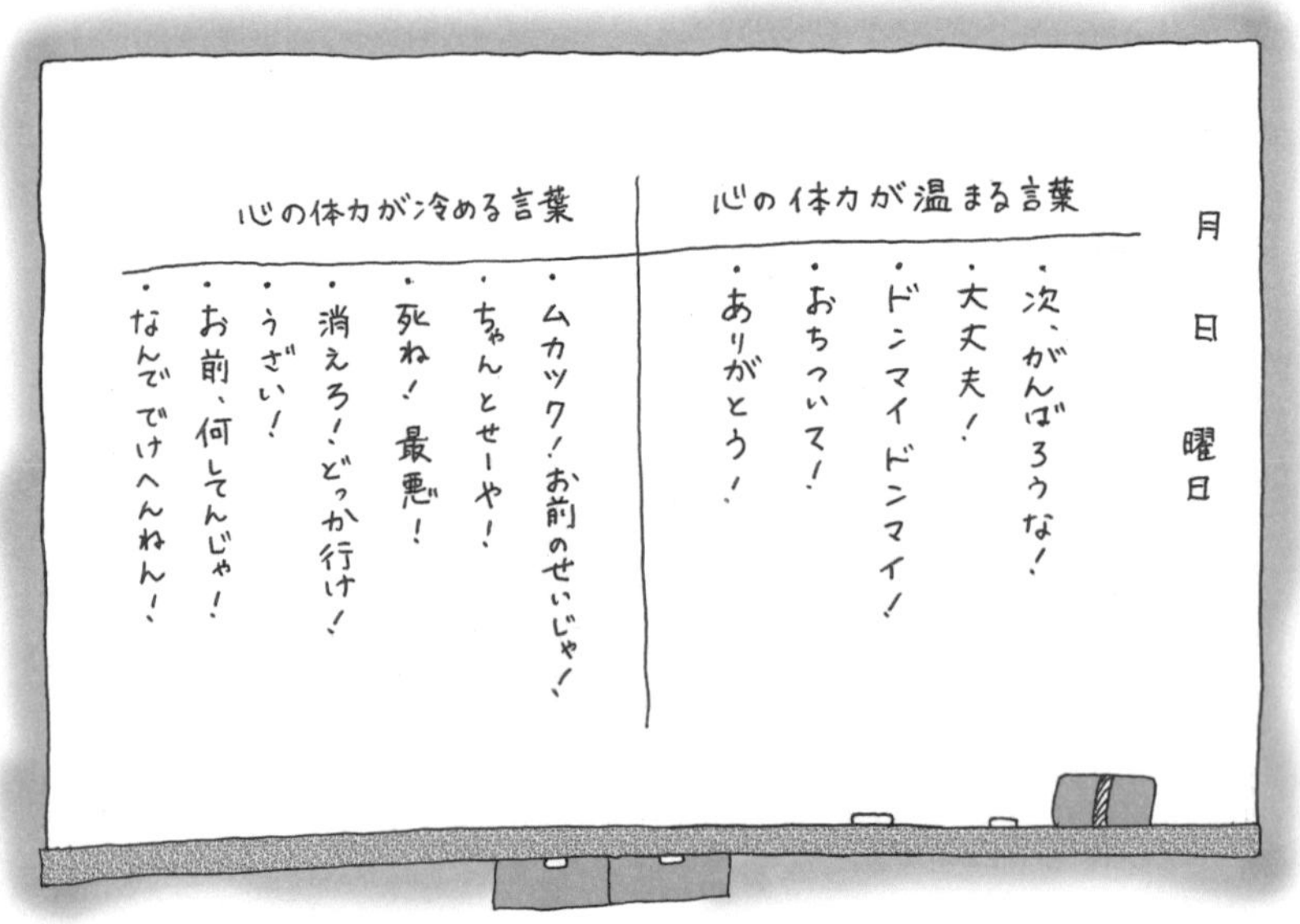
月　日　曜日
心の体力が温まる言葉
・次、がんばろうな!
・大丈夫!
・ドンマイドンマイ!
・おちついて!
・ありがとう!
心の体力が冷める言葉
・ムカツク!お前のせいじゃ!
・ちゃんとせーや!
・死ね!最悪!
・消えろ!どっか行け!
・うざい!
・お前、何してんじゃ!
・なんででけへんねん!

ッと安心できる言葉、またがんばろうと「心の体力」が温まるのは、どんな言葉でしょうか。隣の人と話し合ってみてください。

⑤では、さっきと逆の順番で聞いていきます。左側に座っている人が発表してください。

⑥たくさん出ました。ありがとうございました。「心の体力」が温まる言葉と冷める言葉。あなたは、どちらの言葉をかけること、かけられることが多いですか。この教室には、どちらの言葉のほうが多いでしょうか。冷める言葉がゼロになるということはないと思います。でも、温かい言葉のほうが多いほど、この教室は一人ひとりが力を発揮しやすいエンパワメントなクラスになります。

⑦今から「静かを作る」ゲームに再度、チャレンジします。私たちは失敗してしまうときがありますよね。もし、失敗する人がいたら、「心の体力」が温まるほうの言葉をかけることをルールにします。たとえば、失敗した人には、「おまえ、何してんねん」ではなく、「ドンマイ」「次、が

んばろうな」とみんなで言葉をかけます。では、もう一回、チャレンジしてみましょう！

統制ではなく、信頼構築

ゴールとルールの共有ができないと、たとえば理科の実験は危険でとてもできません。実験のない理科はおもしろくありません。子どもたちの状態に合わせてやれることを決めていると、薄っぺらな学びになり、子どもたちもすぐに飽きてしまいます。理科の教科会議で、「実験ができる集団づくり」をめざして取り組む学校もあります。

豊かな学びを構築するためには、体験的に、ゴールとルールをしっかり共有する工夫をします。ところで。人によっては、これを「統制」という人もいます。「統制」が必要な場面もあるかもしれませんが、ファシリテーターは、同じことを「信頼構築」で実現します。このルールを守ったら、その次には「豊かな学びや楽しい授業が待っているよ」という期待を裏切らないようにしましょう。子どもたちを静かにさせて、教師の話を聞かせる統制型ではなく、信頼関係を構築してルールを共有すれば、さらにおもしろい学びがちゃんと待っている――それがファシリテーターの立ち位置です。

すべての授業に求める必要はありません。でも、一時限のうちの何回かは、しっかりと静かを作って前を向く。そんな山場を授業につくりましょう。

そして、何より教師がまず、「心の体力」が温まる言葉を率先して子どもたちにかけていきましょう。ずっと怒り続けている教師の言葉は、子どもたちに「またか」と思われますが、日頃、温かい言葉をかける教師が、ここぞというときに口にする厳しい言葉は、子どもの心にストンと落ちていきます。静かな迫力があります。

教師と子どもたちの間の信頼構築が「ある程度」成立したら、いよいよ子ども同士の間で、話を聴き合ったり、学び合ったり、教え合う授業空間づくりに進みます。

子どもと大人のパートナーシップ社会をめざして

社団法人 子ども情報研究センター 田中文子

＊日本の子どもたちは恵まれている？

平和で、経済的に豊かな日本で、子どもたちのSOSが聴こえてきます。物質的条件の肥大化が人間関係を切ってしまい、以前は、人とのかかわりなしでは、たちゆかなかった私たちの暮らしが、便利になった分、つながりを失い、バラバラになっていきました。コンビニでも無言で買い物ができますし、会話も携帯メール。

物質的な豊かさは、逆に人間関係を疎遠にします。仲良しに見える友だちとのメールも、「どの時点で切ったらいいのかわからない」と悩む子がいます。人とかかわるのが怖く、ストレスになる。何の不自由もないように生きている子どもたちが、自分の存在に対する自信をなくし、どんどん弱さを出せなくなっています。先進国の子どもの人権は、本当にむずかしいものがあります。

*増していく不安感

子どもにかかわる衝撃的な事件が表面的に報道されるなか、安全という名のもと、「異物」「危険」の排除、子どもへの監視、管理の強化が進んでいますが、私は、この風潮に違和感をもっています。子どもはさまざまな体験をとおして、危険を察知する体をつくっていきます。「このおばちゃんは、いつもと何か違う」「危険が迫っている」と感じることができるのは、日常的な多様な人とのかかわりから、子どもが体感してわかることです。危険から遠ざける今のやり方では、逆に子どもたちの経験は閉ざされます。物質的豊かさによる人間関係の疎遠に加えて、安全という名の管理強化は、子どもたちの人とつながる力をどんどん削《そ》ぎ、生きにくい社会をつくります。

人間は、本来、弱さもずるさも温かさももつ存在で、光と闇の両方の部分があります。ところが、疎遠で表面的なつきあいは、光の部分だけを見ようとします。本当の安心は、人のなかにある闇も認めること。そして、信じられる人を増やすことです。

*子どもは、大人のパートナー

「何度言ってもわからないときは、子どもを痛い目にあわしてもいい。それがしつけだ」と考える人は今も多いです。ここには、子どもは大人より未熟、大人が優位という意識があります。たとえば、これが職場の同僚なら、痛い目にあわせるでしょうか。わかってもらえるように心をくだくはずです。それを子どもにしないのは、対等な存在と思っていないからです。

子どもは本来、力をもっています。だから、単に指導や教育の対象ではなく、共に生きていく対等なパートナーと思えたら、もっと大人もラクになるはずです。そのためには、家庭や社会で、子どもが意見や気持ちを表明したり、参画する場がもっともっと必要です。

子どもの権利条約を日本が批准してから、一〇年以上の月日が流れましたが、まだまだ知らない人が多い。先日、「大阪府子どもの権利についての条例検討会議」のヒアリングに集まった一一人の中高生に聞いてみると、学校で子どもの権利条約を習った子はゼロでした。条約批准によって法的なバックボーンを得ることはできましたが、まだまだ状況は変わっていない。これからだと思っています。

（大阪ボランティア協会編・発行『Ｖｏｌｏ（ウォロ）』二〇〇六年五月号より）

exercise 7

今、あなたが子どもたちと共有しているゴール。これから共有したいゴールは何ですか。具体的なキーワードを四つあげて、一つずつＡ４用紙に書き、紙芝居のようにめくりながら一分間のシンプルなコメントをつくってみましょう。これを隣のクラス、学年の先生とお互いに共有したあと、教室で子どもたちに伝えましょう。

9日目 Lesson9

エンパワメントな教室づくり②

子どもたちに聴き合う関係を育む

子どもたちの参加度を高める

四五分×六時間×五日間。このほとんどの時間、あなたは前を向いて人の話を聴き続けることはできますか。私には到底できません。身体的にも精神的にも、とても苦痛が伴います。また、どんなにおもしろい話術や教育技術をもつ先生の授業であっても、聴くという受身な行動だけを強いる教室は、子どもたちの主体的な力が育ちにくい構造になっています。

企業や学校、地域でファシリテーション研修をするとき、コミュニケーション力というのは、世代やシーンを選ばず、重要だと痛感させられます。しっとりと、吸いつくような集中で、相手の話を聴く力も含めて。良好なコミュニケーションに支えられた主体的な学びを構築していきましょう。子どもたちの力は無限です。

教室デザインに変化をつけよう

教師と子どもたちの信頼関係が構築され、ある程度のルールが共有できたら、教室デザインをフレキシブルに変化させた授業展開を始めます。また逆にそうすることで、ルールの共有を深めていくこともできます。ここでは、代表的な机のデザインを紹介します。

①一斉前向き学習

黒板に向かって、前を向いて座るスタイルです。コミュニケーションの基本は体ごと好意的な関心の態度を向けること。教師と子どもたちの間に一対多の信頼関係を育むときは、この形がベストです。まずは、このデザインで、しっかりと一対多の信頼関係を構築しましょう。しっかりと前を向いてほしいときは、教師もしっかりと子どもたちの目を見て、授業を進めます。教師にとっては、一対多ですが、子どもたちは、教師との関係を一対一と感じていることを忘れないようにしましょう。また、この体制で四五分×六時間、発言や会話の機会のない授業を進めていると、子どもたちは体験的に主体性を奪われ、受身な学習スタイルを学びます。

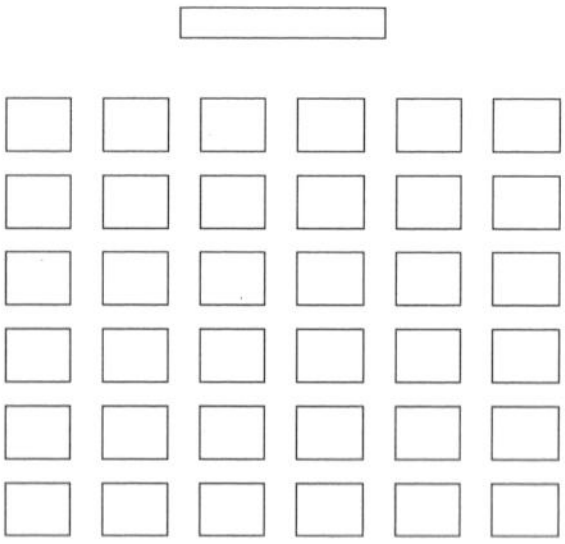

一斉前向き学習

②ペア学習

一斉前向きの際、隣の人と机をつけて二人一組（奇数の場合は三人一組のトリオもできる）になるスタイルです。学びを深めてほしいとき、手を挙げる人が偏ってバランスよく意見が出にくいときに活用します。「では、隣の人と聴き合ってみてください」と言ったあとに、順番に意見を求めていくと、子どもたちの発言や参加のハードルが低くなります。「理解できたかどうか、教え合いっこで確認してください」「隣の人とプリントを交換してマルつけしましょう」など、さまざまな場面に活用します。

③グループ学習

小グループに分かれての班学習です。これまでの経験則では、班学習に最適な数は四人です。二つのペアが合体して、四人グループになります。人数が多くなると、高度なマネジメント力が求められ、一人ひとりの参加度も低くなりがちです。大人の場合も四人グループが一番、活動しやすいです。

給食係や掃除当番などは、四人グループが二つ合体して、八人単位で行動します。

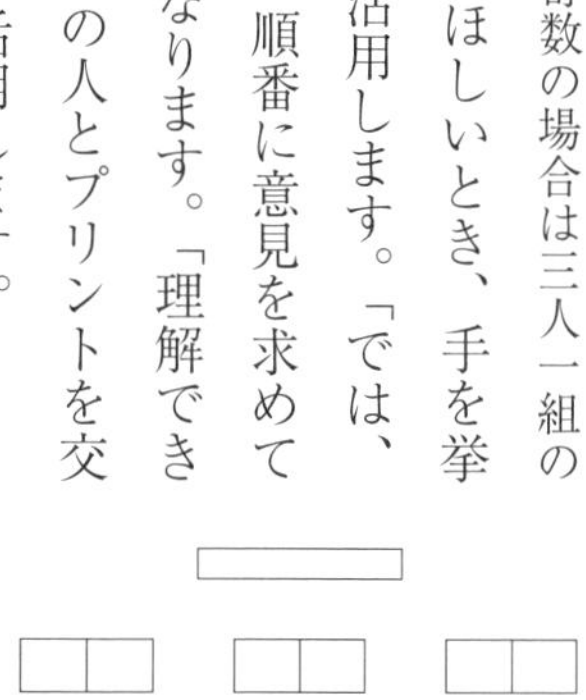

ペア学習

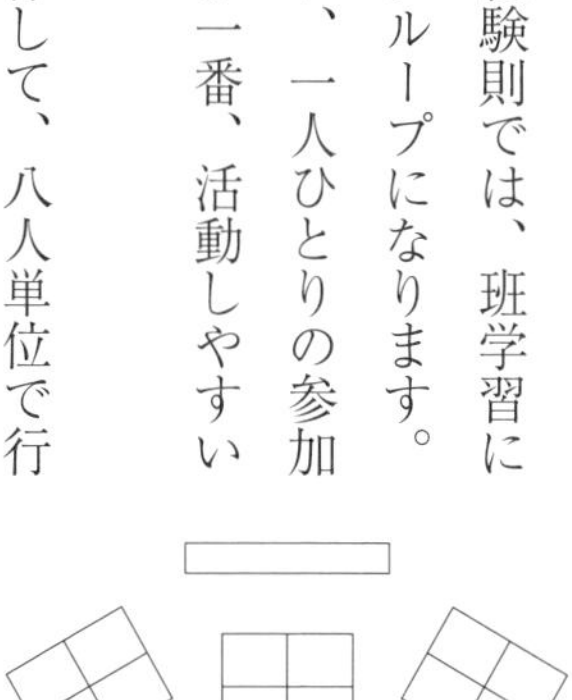

グループ学習

④コの字型学習

机をコの字型にして、子どもたち同士が向き合った教室もあります。お互いの顔が見えたほうが効果的な活動は、コの字型がお勧めです。ただ黒板に対して横向きに座る子どもが多く、板書の際、首が痛くならないかと心配です。また、きちんと前を向いて、体全体で相手の話を聴くことが、先生と子どもたちの間で成立しにくくなります。音楽も、前にいる指揮者を見ることが基本です。コの字型は、教師が子どもたちの近くまで行きやすく目が届きやすいことが利点といわれていますが、私は、まだ活用したことはありません。

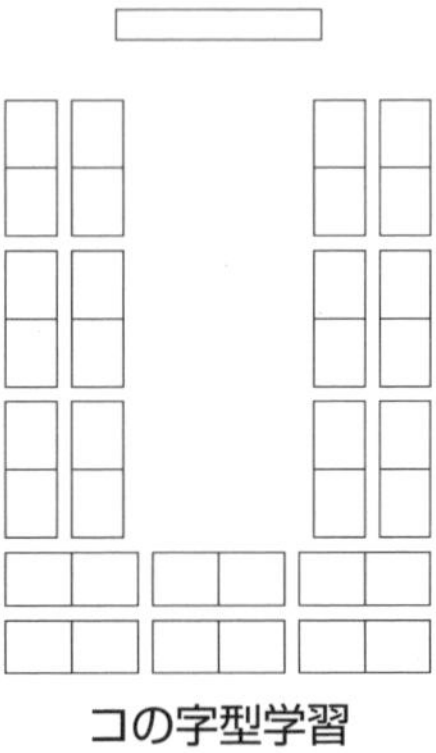

コの字型学習

基本スタイルは一時間の授業のなかに、「一斉前向き→ペア学習→グループ学習」のプロセスをデザインします。一斉前向きのときは、全員がしっかりと説明を聴く。ペアになって互いの意見を聴き合う。グループで自分の意見を伝えたり、他の意見を聴き、意見をまとめたり、協力をする。こうしたアクティビティの積み重ねで、子どもたちは体験的に教師の話を聴くこと、友だちと意見を聴き合うこと、意見を調整する力を学んでいきます。

まずは、いきなり班で座るのではなく、子どもたちがちゃんと前を向いて座って、教師の話を「聴く」信頼関係の構築からスタートし、次に子どもたちが「聴き合う関係」へと移行させていきましょう。子どもたち全員が一斉に前を向くとき、あなたと子どもたちが、どんなメッセージを共有するのかが大切です。そして、机のレイアウトは、その時々に求める学習参加態度により、臨機応変に変化させましょう。

授業をポイント展開する

すべての授業に集中し、静かに前を向いて聴くことは、到底、無理な話です。恐怖や支配を軸にすれば、可能になるかもしれませんが、そのひずみは必ず、どこかにあらわれます。授業のなかで、ここはというポイントを設けて、「ここはちゃんと聴く」とか、「ここはきちんと姿勢を正す」ことを伝えます。そのときにはしっかりと前を向き、しっとりとした集中をつくってから話し始める習慣をつくります。話し合ってワイワイガヤガヤする時間と、集中して前を向いて話を聴く時間のメリハリをつけることで、子どもたちの授業への参加度を高めましょう。緩急のある授業展開が基本です。

45分の授業展開例

00　学習のゴールの確認、共有
03　学びの確認／前回の復習（ペア学習で互いに確認する）
10　説明（一斉前向き型）
35　学びの深化（グループ学習／教え合いや協力）
45　終了（まとめ）

まずはフレームワークの成立から

「じゃあ、隣の人と意見を聴き合ってください」と子どもたちに投げたとき、成立するクラスとまったく成立しないクラスがあります。特に思春期前ともなると「ええ～っ？」と露骨に異性を拒否して、沈黙が続出。グループ学習もしかりです。

日頃の人間関係や教室内の温まり具合が透けてみえる瞬間です。

どうしても、ペアやグループが成立しない、「静かを作る」が共有できないときは、いったん一斉前向き学習に戻しますが、何事も最初からできるわけはありません。「最近の子はできない」「うちの子たちには無理」とあきらめず、適切なスモールステップを積み重ねて、練習していきましょう。知恵や工夫で勝負です。まずは、道徳や特活、総合学習などの時間を活用して、ゲームを取り入れながら、ペアやグループのフレームワーク（枠組み）の成立をめざします。

たとえばクラスでトランプ大会を計画し、そこにコミュニケーショントレーニングを盛り込みます。

ACT⑩ ペア学習を活用したコミュニケーショントレーニングとしてのトランプ大会

①隣の席の人とペアになります（机は向かい合わせ）。
②二人一組でトランプの「スピード」をします。
③まずは、全体でグランドルールを確認します（黒板に可視化しましょう）。

④向き合った子ども同士が「お願いします」と挨拶をします。「イェーイ」のハイタッチでもOKです。
⑤教師の合図で、全員が一斉に「スピード」と声を出して、ゲームがスタートします。
⑥終わったら「ありがとうございました」と挨拶をします。もちろん「イェーイ」でもOKです。
⑦片側の列の子どもが一つずつ、席をずれていきます。
⑧新しいペアになり、「スピード」を再開します。

これを毎日五分でも繰り返していくと、
①「お願いします」「ありがとうございました」という挨拶をする。
②始まりと終わりの区別をつける。
③隣の席の人と向き合って、ルールに則って、一つのゲームに取り組む。
④席をドンドン代わっていくことで、日頃あまり話をしない子、仲の悪い子とも一つのゴールに向かって取り組む。
⑤勝つための作戦を考えたり、話し合ったりする。
⑥勝ち抜き戦やさまざまな大賞を創設し、クラス全体で一つのことに取り組む一体感や楽しさを得る。
⑦手先の器用さを鍛える。
という体験的な学びを積み重ねていきます。

「隣の人と意見を聴き合ってください」と投げかけたときは、ばつが悪そうにしていたペアも、トランプになると、やることがはっきりしている（ゴールとルール、動線が明確）ので、前のめりになってゲームに取り組んだりします。たとえ隣の席の子とは無理でも、次のペアの子とは楽しそうにできる。はっきりいって、「こんな前のめりに物事に取り組む子どもたちの姿を見るのは初めてだわ」と思うほどです。

トランプが成立し始めると、子どもたちはペアで一つのことに取り組むことを体験的に学んでいきます。フレームワークが成立したら、次は勉強の教え合いなど、コンテンツを変えていきましょう。子どもたちのなかに聴き合う関係を上手にデザインして育むことがファシリテーターの役割です。

ペアが成立したら、グループへと集団を広げていきます。

グループで勉強を教え合う。お互いにわかっているかチェックし合う。力を合わせて一つの問題を解く。少しずつハードルをあげてチャレンジします。子どもたちの力を高めるアクティビティを適切に設計し、積み上げていきましょう。学び合う学習は、子どもたちに、大きな効果をもたらしてくれます。

ちなみに、「スピード」は四人で取り組むことも可能です。一度、試してみてください。ただし、ひたすらカードを出すことに必死で、三人の対戦相手への作戦なんて、まったく考える余地なし。バタバタとしたゲームになり、おもしろさは半減です。子どもたちの感想は「わけわからん」。そうです、世の中、早いことばかりがいいことでは、ないんですよね。じゃあ、どうすれば四人で楽しくトランプできるかな？　と問いかけて、子どもたちが「ババ抜き」といえば、四人でババ抜きゲームをしましょう。

ACT⑪ コミュニケーショントレーニングとしてのトランプ「スピード」

●目的

①ペア学習に必要なかかわりや、ルールを守って共にゴールをめざす関係を生み出す。
②片側が移動することで、フレキシブルなペア関係をクラスのなかに育む。
③以上を通じて、ペア学習のフレームワークの成立をめざす。

●準備物

トランプ（2人に一組）

●ルール

①隣の席の人と向かい合います
②トランプ一組を2人で分けます。
③各自の前にトランプ4枚を、表を向けて並べます（場札）。
④残ったトランプは伏せて、山にして手に持ちます（手札）。
⑤一斉に「スピード」のかけ声で、手札1枚を場札と場札の間に置きます（台札）。
⑥台札の数字につながる数字の場札を出していきます。
＊ルール①　A（エース）とK（キング）は、つながっています。
＊ルール②　ジョーカーはなんでもOKのオールマイティーカードです。
⑦自分の場札が4枚より少なくなったら、手札から補充します。
⑧双方、場札につながる数字がなくなったら、再度「スピード」のかけ声で、手札から1枚ずつ新しい台札を出します。
⑨⑧で、手札がなくなったときは、場札を台札として出すことができます。
⑩場札、手札とも全部なくなったら勝ちです。

●進め方

①トランプをするときの約束とルールを必ず最初に共有します。
②みんなの前で一度、対戦をし、それを見てルールを確認します。
③隣の席の人と練習試合を3～4回繰り返します。
④毎回、「お願いします」「ありがとうございました」などの挨拶をします。
⑤片側の人が席をずれていき、対戦相手をドンドン代えていきます。
＊本文を参考にしてください。

アクティビティの力を借りて、私たちはたくさんの大切なメッセージを子どもたちと共有できるのです。そしてアクティビティの数は、あなた次第で無限に存在します。

教室のなかに聴き合う関係を育む

アクティビティ「ペア・コミュニケーション」をアレンジして学びを積み上げる

ある小学校の話です。

子どもたちはとても元気で、先生も熱心に愛情をもって子どもたちにかかわっておられます。でも、教室には課題もたくさんあるわけで……。総合学習のゲスト講師として子どもたちの前に登場する私へのオーダーは、コミュニケーションスキルの向上でした。

授業に入る前は、必ず、打ち合わせをしますが、先生方からお伺いした「子どもたちの様子」は、以下のような内容でした。

①子どもたちはとっても元気。
②でも、学齢に比べて幼い感じがする。特に男子。
③とにかく先生に聴いてほしい話がいっぱいある。
④授業中、一度、ふざけるとなかなか戻ってこれない。
⑤授業中、関係ないところで、手、足、口のどこかが動いている。
⑥自分の本心をなかなか言えない。本音で友だちとつながれない。
⑦友だちにどう思われているか、とても気になる。でも友だちへの言葉はキツイ。

⑧授業参観など保護者が教室に来ると、突然、しっかりする。
⑨教師の指示がとおりにくい。注意をしても聞けない。
⑩一人ひとりはいい子なのに、集団になるとコントロール不能になる。

お話を伺いながら、「典型的な今どきの教室だなあ」と思う私。「うちのクラスと似てるかも」と思いあたる人はいませんか。

子どもたちに会える楽しみを膨らませながら、迎えた授業。「コミュニケーション」の意味を共有し、力を高めるためのアクティビティを進めます。基本設計はありますが、子どもたち一人ひとりの状況や集団の力に合わせて、アレンジしながら進めることが肝心。今よりも一歩先の目標を見据え、スモールステップを積み上げて、一緒に進む工夫を凝らします。

この日は、教室に「聴き合う関係」を育むために「ペア・コミュニケーション」をしました（176頁参照）。二列に分かれて向き合って座った子ども同士がペアになり、私から提案されたテーマに沿って、一分間、お互いに話を聴き合うアクティビティです。

ペアの相手はドンドン代わっていきます。最初と最後には握手で挨拶をしますが、この握手の段階で、早くもグダグダになることがよくあります。

この日も「ペアの人と握手してくださ〜い」というと、「ええ〜？」「いや〜」という反応が即、返ってきました。男女ペアになろうものなら、特にイヤ。話も三秒で終了です。「席をひとつずれて、新しい人とペアになってくださ〜い」と声をかけても、「意味がわか〜んない」。聴き合う関係をめざしたアクティビティはまったく成立しません。

でも、これでいいのです。

そうかあ、今、この子たちは「握手」「聴き合う」「席をずれる」の三つのハードルがあるのだなあ。それがわかれば、ハードルを越えるためのアクティビティをアレンジして加えればよいだけです。

まずは、一番大切なコンテンツである「聴き合う」ことを捨てて、「握手」と「席をずれる」フレームワークの成立に挑戦です。活用するアクティビティは、小学校教諭のトキちゃんに教えてもらった「手遊び」の最新バージョン。節《ふし》は伝えられませんが、こんな歌です。

1と1で、言うよね〜？（はるな愛）
2と2で、加藤ちゃんペッ！
3と3で、いち、にぃ、た〜ん！（世界のナベアツ）
4と4で、志村けん「アイ〜ン」
5と5で、パン、パン、パン、パン！

最後の「パン、パン、パン、パン！」でペア同士ハイタッチをします。子どもたちも私もお笑いが大好きですから、とってもノリノリ。握手がイヤ〜なんてことは、すっかり忘れてハイタッチもバッチリです。ドンドン席をずれて相手を代えながら、繰り返し楽しみます。たまに大サービスで、「0と0で、グー！グー！」（エドはるみ）を入れると盛り上がりも絶好調に達します（この原稿は二〇〇八年執筆なので、これが最新ギャグですが、あなたが教室でするときは、その年の最新ギャグにアレンジしてくださいね）。

異文化理解の視点に立って、子どもたちの文化に寄り添うと、子どもたちは、アクティビティの力を借りながら、二つのハードルを飛び越えます。笑顔でどんどんフレームワークを成立させてゆく子どもたち。そして、ここまできたら、いよいよ「聴き合う」ことに焦点化していきます。

担任も「できるようになるものですね」と子どもたちの力に素直に驚きます。そうなんです。恥ずかしい気持ちも、普段あんまり話せない子ども同士の関係も、楽しみながら乗り越えていける。こうした積み重ねが、子どもたちの関係づくりや課題解決に大きな力を発揮すると、私は確信しています。

どうせできないとあきらめるのではなく、どうすればできるのか、知恵や工夫で勝負しましょう。「静かにしなさい」という言葉がけだけなら、教師でなくてもできます。子どもの声を聴き、子どもの文化に学び、スモールステップを積み上げる授業を考えることは、とてもクリエイティブです。

日々の何げない学校生活の継続が、子どもたちの体験的な学びを構築するのです。

10日目
Lesson10

エンパワメントな教室づくり3
学校や教室の可視化を進める

学校のなかにある温かさを可視化（見える化）しよう

仕事でたくさんの学校を訪れました。忙しいときは一日に三校まわって、二時限ずつ授業をする日もあり、そんなときは、かなりあわてて駆け込むのですが、校舎や教室に足を踏み入れたとたん、ホワッとした温かみを感じる瞬間があります。

教室や廊下に、子どもたちが書いた絵や習字が飾られている。地域のお祭りで活躍する子どもたちの写真が飾ってある。「ゲームのしすぎに注意しよう」というポスターが、子どもたちに伝わりやすいように、質問形式に工夫して貼られている。手入れのいき届いた植物が飾られている、など。学校が子どもたちを大切にしていることが見てすぐわかる、可視化による共有のある学校です。とても大切なことだと思います。

あなたの学校や教室は、どんな可視化の工夫がありますか。

教師が一生懸命、力を込めてつくり込むのも愛かもしれませんが、学校は子どもたちと一緒につくる場所です。子どもがきちんと参画するシステムがあることが、とても大事。子どもたちと相談しながら、廊下や壁に温かいギャラリー空間をつくってみましょう。みんなで共有したいコンセプトを可視化すれば、学校や教室のめざす方向性もわかりやすくなります。

子どもたちの視線に立って、校門をくぐったときに、どんなメッセージを共有するのか。子どもたちの感性が光る空間デザインをしてみましょう。

荒れた学校は、ポスターや掲示物がよく破られています。エスカレートするとガラスも割られていきます。そうなる前に、戦略的に温かい空間をつくります。そして、もし破られてしまったら、すぐ補修し直します。一つの破れは、次の破れを呼び込みます。荒れた学校こそ、温かいメッセージがあふれた絵や言葉、写真の力を借りて温めます。常に何を可視化して共有すれば、学校や教室が温まるかを考え、工夫します。

そしてもちろん、子どもたちの温かい絵画や工作を引き立てるためにも、廊下や教室は常にキレイにします。掃除はみんなで力を合わせる大切な共同作業。「ごみを捨てない」「散らかさない」規範を育む大切な教育活動です。どうすれば、合理的、効果的に掃除ができるのか、子どもたちと話し合いながら、掃除のマニュアルを作ることもお勧めです。時には、掃除のプロをゲスト講師に招いて学びましょう。どうせやるなら、掃除も楽しく、効率的、効果的にやりたいものです。

たまに職員室前にたくさんの荷物が置かれたままの学校もあります。掃除もしにくいし、子どもたちの絵画やポスターの存在もかすむし、防災上も問題ありです。学校内の整理整頓は基本です。心がけましょう。

ゴールとルールの可視化を進める

子どもたちが前を向いて座ったとき、どんな言葉が見えるでしょうか。学校目標や学級目標は目に入るところにありますか。「私たちのクラスは一年間、こんなことをめざしてやっていくよ。一緒にやっていこうね」。そんな温かいメッセージやクラスの基本コンセプトは、ちゃんと見えていますか。

また、ゴールと一緒にルールも可視化して共有しましょう。

ある小学校の教室におじゃましたときのことです。黒板に貼られた画用紙には、「こういうことをしたら先生は怒ります」と書いて貼ってありました。「①静かにするときなのに、おしゃべりを続けている、②掃除や当番活動をちゃんとしない、③友だちが一生懸命していることを笑う」。あまりにたくさんあると窮屈ですが、子どもたちは先生が怒る基準を規範として最初に共有しているので、子どもたちとの間に一貫性や公平性を保つことができます。同様に「先生はこういうことがうれしいです」と書いた下には、「①困っている友だちがいたら声をかける、②進んで掃除や当番活動をする、③みんなで力を合わせる」と書いてありました。両方あるバランスが大切です。

子どもたちと情報共有を進める

ファシリテーションの効いた会議は、暗黙値（知）や経験値（知）を上手に可視化するので、よく知る人も、あんまり知らない人も情報を共有することができます。最初に具体的な情報共有をしていると、一人ひとりが見通しや心づもりをして動くことができます。逆に、情報が共有されていないと、情報をもつ人ばかりが忙しく、それ以外の人は指示待ちになります。

同様にうまくいかない教室は、教師だけが情報を抱えていて、子どもたちと共有していない。だから子どもたちの動きが鈍く、さらに教師があせる悪循環が生まれます。ファシリテーションを活用しながら、上手に教室の情報共有を進めましょう。

たとえば、最初にルールが共有できていたら子どもも教師もラクです。

同じ状況に対して教師が、あるときは怒って、あるときは怒らない一貫性のない対応をすると、子どもたちの判断の軸がぶれてしまい、理不尽さを感じて教師への信頼をなくします。教師によって対応が違うのは最悪です。標準的なルールは教職員、子ども、家庭であらかじめ共有しておきます。

ルールを最初に共有しておけば、臨機応変な対応が必要なときも、「今日は、ちょっとルールを変えます。そのわけは……」と説明すれば大丈夫です。子どもたちに理解を求めましょう。でも、標準化、可視化されたルールがないと子どもたちは教師の行動に一貫性を見出せず不信感を募らせます。教師の気分に振り回されると、子どもたちは「なんでやねん」となります。不信が募ると「先生の言うことなんか聞かない」教室になります。信頼関係がベースにない教室は何も進みません。やがて崩壊していきます。

家庭との情報共有を進める

保護者向けには、学校便覧やハンドブックを作成し、学校のめざす教育目標、行事、定期テスト日程、家庭学習の進め方、生活規律、学校規律、授業参観、制服、費用徴収など、標準情報を入学時や学年開始時に共有します。困ったときには、これを見る。マニュアルがあれば学校も保護者もラクです。

たとえば授業参観。子どもの近くまで寄って保護者がビデオ撮影をする、廊下でママ友同士が大声で話をする、携帯電話の着信音が鳴り響くという光景も珍しくありません。また学級懇談会になるとクモの子を散らしたみたいに人がいなくなる……なんてこともあります。

そんなときもハンドブックに基本的な参観方法が書いてあれば、保護者と学校のなかで共通認識をもって授業参観に取り組むことができます。「なんでそこまで？」と思うかもしれませんが、時代の変遷のなかで、授業参観を巡る状況もドンドン変わってきています。でも規範は暗黙値化され、共有できていません。授業参観の効果的な方法も模索状態です。教師も基準が明確になれば、取り組みやすくなります。

ハンドブックは作りこまず、パッと見てわかるシンプルなものにします。クチうるさく、堅苦しい規則集にするのではなく、子どもの豊かな成長を共に支える信頼関係構築に寄与する文体や体裁にしましょう。

働く母である私の経験では、授業参観などの学校行事日程を年度始めには共有してほしいです。仕事のスケジュールが先に決まってしまうと、授業参観や行事、ＰＴＡ会合に行けません。参加できない状態が続くと、だんだん「もうええわ」と思ってしまいます。情報共有は最初が肝心なのです。

学校ガイドブックづくり 例 シンプルにわかりやすく！ 読みたくなる工夫を！

①△△中学校基本コンセプト／学校目標／学校長挨拶／生徒会代表挨拶／ＰＴＡ代表挨拶／歴史、沿革
②学校行事予定／学年行事予定
③制服について／標準服／衣替え／制服購入方法と価格／リサイクルについてのお願い
④諸費について／就学援助申請について
⑤中学生の生活習慣と保健室利用について
⑥持ち物と学校提出物について
⑦学校と家庭の連絡について
⑧授業の進め方／評価、成績について／家庭学習の進め方
⑨高校進学について
⑩学校教職員の紹介
⑪クラブ活動と生徒会、係活動
⑫その他

exercise 8

①あなたの学校（教室）で取り組んでいる「温かさの可視化」は、どのようなものがあるでしょうか。紙に書いてみましょう。また、今後、取り組んでみたい可視化を三つあげてください。

②家庭との情報共有について、学年でホワイトボード・ミーティングをしましょう。

1　発散…家庭とうまく情報共有できていること、できていないと感じることを出し合う。

2　収束…いくつかの代表的な事例に線を引いて、課題を切り分け番号をふる。

3　活用…課題解決のための案を具体的に出し合い、工夫する点をあげる。

11日目 Lesson11

エンパワメントな教室づくり④ 魅力的な学級通信を作ろう

書く力、書く参加

社会福祉法人大阪ボランティア協会。私はここでの活動を通じて、徹底した民間性を学びました。ものすごくかいつまんで説明すると、市民社会の創造の主役は私たち市民。もし、ボランティアに対する世間の理解がないのであれば、それは自分たちの企画やアプローチに魅力がないからだというスタンスです。誰かのせいにするのではなく、自分たちでちゃんと引き受けて、コストも考えつつ、工夫しながら市民社会を創り出そうとする豊かな民間性は、私の原点の一つになっています。

そのスタッフの一員として「市民ライター養成講座」に取り組んだのは、もうずいぶん前のことです。コンセプトは「書く力、書く参加」。作家やジャーナリスト、コピーライター、新聞記者といった「書くことのプロ」に学び、書く力を高めることで、市民の社会参加を促すことが目的のこの講座を、私は三年間にわたってマネジメントしました。私の書く力は、ここで徹底的に磨かれたといっても過言ではありません。

それまでも、書くことはキライではありませんでした。

障がい者と共に生きる作業所に勤めていた頃は、市内の社会福祉情報を取材し、ミニコミ誌を発行しました。我が家のお隣さんとお向かいさんとで発行した「ご近所再発見メルマガ・半径三キロの物語」では、半径三キロ圏内で活躍する五〇人以上の取材原稿もまとめました。

マスメディアが悲惨な事件をたくさん報じ、世の中は暗くて重い気分に支配されがちだけれども、まちのなかに生きる私たち一人ひとりは、いろんな思いですてきに生きている。そんな情報を掘り起こし、共有することで人やまちを元気にしたい。素人ながらにたくさんの原稿を書き、返ってくる反応も上々でした。

しかし、しかし、しかし。市民ライター養成講座での学びは、私の書くことへの基本スタンスを一八〇度転換させます。それはつまり、「書きたいように書く」から「読みたいように書く」への転換です。新聞、雑誌、そして学級通信も。いくらがんばって思いのたけや取材内容を書いても、読者が読みたいと思わなかったら、あっという間にゴミ箱いきです。はっきりしています。大切なことを的確に伝えるためには技術が必要で、ストイックでシンプルな「書く」という作業は本当に奥が深い。私の修業も、まだまだ続きます。

机の下から発見された学級通信

昨年の春のことです。悲惨なまでに散らかった息子の部屋を掃除していると、クシャクシャに縮まった紙の束を発見しました。「もう、またや」と、ため息をつきながら、一枚一枚を広げて確認し、ごみ箱に捨てる私の手と目が一瞬、止まります。学級通信「Ｋｎｏｗ（のぉう）」です。息子が教室で一読した学級通信を、保護者の私もワクワクしながら家で読みます。

ご他聞に漏れず、思春期に突入した中学一年生の息子は学校や友だちとの出来事をだんだん報告してくれなくなっています。成長の証とはいえ、親としては少々、寂しい。でも、この学級通信を読むと、担任の佐藤忍先生と子どもたちの様子やクラスが今、何をめざしているのかがよくわかります。とにかく話題が満載です（128〜129頁参照）。

この学級通信は「読みたいように書く」ことを貫いているなあ。子どもたちの様子がリアルに描かれている。目標と規範が、佐藤先生の温かく、厳しい言葉で綴られている。しかも、レイアウトに工夫があるんですよね。

お断りしておきますが、佐藤先生の学級通信は手書きです。字は上手ではありません。でも読みやすい。イラストは少々、品がなく、たまに「さむ〜」と言いたくなるギャグも散りばめられていますが、その「力の抜け具合」が第一読者である思春期の中学生には馴染みやすい。小学生だと、若干、刺激的すぎるかもしれません。この書き手の自分らしさを活かした「読者理解の視点」が肝心です。

学級通信に掲載するのは「規範と価値観」。これはいいこと。これは悪いこと。班長会議は、こんなことを大切にしている。運動会、がんばろうなど。学級経営の基軸を紙面で子どもたちと共有します。

読みたいように書く技術

行事や教室での子どもたちの様子がイキイキと描かれ、「サリゲナさん」のコーナーでは、人知れずがんばる子を紹介。「褒めるのは苦手」という佐藤先生が、学級通信の力を借りて子どもたちを褒め、子どもたちは、担任の先生の好意的な関心の態度を感じます。

何よりスゴイのは、これらのコンテンツを第一読者である子どもたちが、読みたくなるように書き、編集しているところです。

本来、書くこと（ライティング）と編集（エディティング）は、まったく別のスキルですが、学級通信は、その両方を求められます。一枚の紙に、どんな文章を、どんな配置で載せていくのか。このあたりのバランスがウマイ。

佐藤先生がめざすのは、学級通信を配ったあとに子どもたちがシーンと静かに読んでいる風景。そのためにも、思わず目を引く小見出しをつける。短い文章を心がける。サカサマや小さい文字でわざと読みにくくして関心をひきつける。そしてたまに寒いギャグ。時事ネタやイラストもふんだんに使う学級通信は、まだまだ荒削りなところもあるけども、まさに完全保存版・クラスの成長記録。学年の終わりには一年分の学級通信を手作り製本して、プレゼントしていただきました。大人になっても残る大切なクラスの成長記録です。

一コーナー二百字前後。週二回で年間約七〇号発行。一号に費やす時間は、通勤電車の四〇分以内が基本。忙しい現場のなかにあって、学級通信を発行する算出根拠がここにあります。この戦略的な投資効果は大きい。同じ書き手としてつくづく思います。

戦略的に学級通信を作ろう

学級通信を作るのが苦手な人もいれば、得意な人もいますよね。日々、忙しくて大変なのに学級通信を作る時間を捻出するのがむずかしい。そんな人もいると思います。しかし、子どもたち、あるいは家庭と情報共有をうまく進めるメディアとしての学級通信の果たす役割は、とても大きなものです。苦手な人も簡単に作れる工夫をしてみましょう。

佐藤先生の学級通信のポイントは、子どもたちの名前がたくさん掲載されていることです。自分の子どもの意外な一面や学級での様子を知ることができる。どんな友だちに囲まれているのか、その様子がわかる。このリアルさが命といっても過言ではありません。自分や友だちの名前が出ているから、みんな熱心に読むのです。

クラスのめざす方向がわかる。子どもたちの様子がわかる。先生の温かい愛の伝わる学級通信をあなたも作成してみましょう。

1年1組 学級通信 2007年5月11日(金) No. 8

ダラ〜っと

スライムのようにこの季節外れの暑さにやられているのか、慣れてきたからなのかダラ〜っとした様子が見てとれます。

一昨日の5時間目は サイアク。一喝しました。まだまだこれから!! さあもう1回ビシッとしめるか…。

しましま

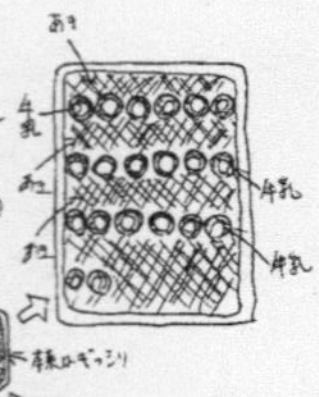

一昨日だったでしょうか? ふと教卓の横を見ると牛乳を配る　　さん。その手下を見ると…

なんていうことでしょう!! 牛乳と牛乳の間がきれいにあけられしましまに!! 何かのおまじないかと思いましたが、　　さんに聞くとニッコリするだけでした。

謎のしましま……。

今週のサリゲナさん

① 給食の時、タワーのように高くつまれたおわんをさりげなく2つにわけてくれた　　くん。さりげなくすばらしい!!

② そうじの時 自分のそうじが終わったのでさりげなく机を運んでいた　　くん。すばらしい!!

③ そうじの時に、南3A教室に散らかっていた数学グッズを整理してくれていたさりげなさ、　　くんと　　くん。すばらしい〜。

今週のサリゲナさんとは、"さりげなく人にやさしいおこないをしている人"のこと "やったってんねん"ではなく"さりげない"ところにクールなかっこよさを見出します。

さっそくそうじのやり直し。

きたない!!!! きたなすぎる!! のでそうじがやり直しになりました。きれいしたら1回で済むのに…。やり直しのあとはひじょうに足どり軽く、きれいになるのも早かったです。その調子で1回ではやくおわらせよう!!

ひっくり返る給食

ガッシャ〜〜ン とよくもまあ2日つづけて……。給食の準備中2日つづけておかずをひっくり返してしまってました。落ち着かないのか、遊んでいるのか…。いずれもちょっと私が目を離している時…。

自分の仕事をちゃんとして、落ち着いて、やらなあかんことしましょうね。

「先生」「先生」「先生」 そんなにたくさん「先生」はいません!!

1年生の最初ってやっぱりわからんことが多いのか、それとも私が人気者なのか教室の各所各所で「先生」はひっぱりダコです。

「先生、先生〜」「センセー」「せんせっ」etc、そんなとき私はよく「そんなにたくさん『先生』はいませんっっ」と言います。ほんまに先生はそんなにたくさんいないのであんまり呼ばないであげて下さい。

佐藤先生の学級通信

1年1組 学級通信 2007年7月19日(木) No.27

1学期をおえて

さとうS EYE ～さとうが見た!!1くみ～ よいこと!!

絵が上手である

美術も、理科も、落書きも、とっても絵がうまいのです。理科のミジンコたちも生きているようにうまかった。キン肉マン。アラレちゃん。人。手。などなど見ていて楽しかったです。掲示物も工夫い。ぱいでクラスの雰囲気を明るくしてくれました。ありがとう。(ムー大陸も、マグネットのミッキーもGood)

休む人、遅れる人が少ない

休んでません。遅れません。勉強なんかよりずっ～っとずっと大事。現在40人中 無遅刻・無欠席はな、な、なんとっっ25人!!すばらしい。すばらしすぎる。人としてすばらしい!!卒業したあとあなたたちはひっぱりだこです。

終学活を自分たちで静かに速く

できてます。一部、まだ連絡帳を他の人の席で書いているために遅くなっていますが…それに気づけばもっと早くできるはず。声かけしてくれてる人もいるし、2学期はもうどのクラスよりも早くできる可能性大!!。とっとと終わらしてクラブ行く または 帰ろうぜっ。

＋

よくやったド

さとうS EYE ～さとうが見た!!1くみ～ できてへん!!

へんななかまづくり

「どっちのグループに入る?」とか悪口でつながる、まだ小学生から成長していない仲間づくり(へんな)をしているのが目につきます。恥ずかしいナァ、情けないなァと思います。

自分ならどっち?"人が嫌がることをしてつながるなかま?""人が楽しく、いてて安心するなかま?"。いつ同じことをされるかわからない不安に思うなかまづくりはもうやめません?

やるべきことをしない

「ゴミ拾ってぇ～」動き出したのは2～3人。もう1回「ゴミ拾ってぇ～」動き出したのは4～5人。「拾え!!」(大声)動き出す。言ってる最中ずっ～っとしゃべってる人……。その人はそうじもサボり気味…。「目の前のことに一生懸命になれない人に夢を語る資格なんてない」とTVで言ってましたが 3年後、こうしたい、ここに行きたいと言えるのでしょうか…。

＝

ええことはええ、あかんのは直《まま》す

とこうなりました。

2学期は

おもろいアイディアで、おもろい行事を!!～体育大会・HTF～
マジなかまをつくる～悪口言って喜ぶやつはあほじゃと言えるように～
やらなあかんことができる大人になるべ!!
"自分らでできるもんっ"を増やそう!!

研修で学級通信を作りました

→あえて小さくするのは別

□7　文字情報に弱い人がいる場合のアレンジ（ひらがなコーナー／外国語コーナーなど）

⑤校閲、校正

□1　原稿は、人の目にさらして磨く

□2　基本事項に間違いやモレがないか。より多くの目で確認することが大切

＊「校正された原稿は、最高の教科書」

⑥印刷、配布

□1　時期を逃さない

□2　休んでいる人に渡す方法を決める

⑦ふりかえり、保存

□1　感想を集める

□2　保存

ちょんせいこの「学級通信づくり」編集の流れ（ザクッとね）

①企画立案会議　ホワイトボード・ミーティングで意見を出し合おう！

□1　どのような頻度で、どのような時期に、何号発行するかを決める

□2　タイトルと基本コンセプトを決める

□3　定番コーナーを決める

□4　トーンやボリュームの決定

②基本フォーマット作成

□1　タイトルロゴを決める

□2　定番コーナーロゴを決める

③原稿素材を集める

□1　お知らせ事項

□2　メイン記事（共有事項／行事のふりかえり／目標共有など）

□3　子どもたちの声（行事感想／クラスへの思い／授業の様子／つぶやきなど）

□4　写真（写真掲載の許可などをクリアしておく）

□5　イラスト（自作／生徒作／著作権フリー素材）

□6　その他（たまには、担任以外の先生が登場するのもあり）

④原稿を書く

□1　キャッチコピーを考える（正論は心を打たない）【大文字】

□2　伝えたいキーワードをシンプルに伝える（正論OK）【大文字】

□3　文章はシンプルが基本。特に「読ませたい」文章は長くてもOK

□4　クイズや問題など、活用素材を提供する

□5　写真やイラストは「空白を埋めるため」に使うのではない

□6　文字分量は多すぎない。文字を小さく詰めて書かない

学級通信を作るときに心がけたいこと

学級通信も、立派な広報媒体です。個人情報保護の視点でどのような情報を共有するのが効果的かを学年や学校でも話し合っておきます。名前や写真の掲載については、年度始めに保護者や本人の了解を得るなど工夫をします。愛称の活用もいいでしょう。標準的な紹介回数を見積もり、クラスのみんなをある程度バランスよく紹介することも心がけます。そのためには、教師一人で作るのではない。生徒の声が活かされた「顔の見える」学級通信を作る！　ここにつきます。

とある講座で、佐藤先生の学級通信作りのお話を聴き、ホワイトボード・ミーティングで学級通信の内容を発散したあと、実際に作ってみる研修をしました。参加した先生方の感想を紹介しておきます。

○佐藤先生のアイデアいっぱいの学級通信に目がくぎづけになりました。私自身、学級通信は学校での出来事を家庭に伝えるものととらえていて、行事のあとに、ほんのたまに出すだけでした。自分の出した通信を子どもや保護者が読んでくれているのかどうかも、あまり考えていませんでした。今日、話を聴いて、どんなことを子どもや親は知りたいのか、読みたいのかを考えて、読みたいと思える通信を作っていきたいと思いました。

○佐藤先生の学級通信を読んで刺激を受けました。こんなに読みたくなる工夫をして通信を書いている人がいるなんて。子どもたちに私からのメッセージを伝えられる通信を作ってみたいと思います。

12日目 Lesson12

エンパワメントな教室づくり5
荒れた教室こそ、温めよう

都市部では、あふれる情報とたくさんの人で、夢や希望が見えにくくなっています。過疎地《かそち》では、いずれ子どもたちが進路を求めて旅だつ地域も多く、やはり自分の住むまちの夢や希望が見えにくい。子どもたちとどんな夢を共有し、自分の故郷や学校、友人との思い出を語るのか。今、何を大切にして一緒にこの一年を歩いていくのか。身近な大人である教師が、ぜひ、教室で夢を語り、子どもたちと共有しましょう。

とはいえ、現実に子どもたちから聴こえてくる教師の姿には、なかなか厳しいものもあります。「おれは中学校時代、先生にいじめられたから、おまえらのこともいじめる」と生徒に宣言する教師。教室でイタズラを繰り返す子どもの名前をあげて、「あの子はお父さんがいないから、悪いことばかりする」と子どもたちに説明する教師。子どもや保護者は「自分の言うことなら、なんでも聞く」と思い込んで支配関係を構築し、セクハラやパワハラを繰り返す教師。ヒステリックに怒鳴り散らし、生徒に不必要なストレスを与え続ける教師。責任をすべて生徒や家庭に求め、内省を深められない教師。自分の感情を抑えきれず、子どもに暴力をふるう教師、等々。あなたの身近にもいるかもしれません。

もし、自分がそんな状態になったら、まずは、いったん現場を離れましょう。そして、しっかり自分自身の「心の体力」を温めることが必要です。子どもたちのためにも、あなた自身のためにもゆっくり心と体を休め、子どもたちとどんな夢を語り合いたいのか、自分はなぜ、教師になったのか、どんな教育をしたいのか、どうすればよいのかを学び、初心に立ち返りましょう。

「荒れていく教室」を「温かい学びの教室」へ

教師や学校への信頼をなくしたとき、クラスは荒れていきます。暴力や暴言、あるいは見事にしらけきったクラスができあがります。

もちろん、家庭や諸般の事情で子どもたちが荒れる理由は複雑に折り重なっています。

それでも、たくさんの教室を訪れていると、子どもたちが落ち着いているなあと思う教室は、担任の先生を中心に温かい空気が育まれています。クラスに自分の居場所がある。ルールが成立している。それぞれの子どもの良さが共有され、笑いがある。安心、安全なクラスです。

学校が荒れるときには、いくつかの段階があります。あなたの授業やクラスは、今、どの段階にいますか。次頁の「子どもの育ちを戦略的にデザインする」で確認してみましょう。

ACT⑫ 子どもの育ちを戦略的にデザインする
あなたの授業はどの段階？　どんなクラスをめざしている？

□第１段階　子どもたちは主体的に授業に参加し、しっとりした集中や対話、活躍する場面や笑いがある。

↑

□第２段階　子どもたちは、着席して、おおむね静かに授業を聴いている。

↑

□第３段階　子どもたちは、近くの席の子と、無秩序なおしゃべりをしている。

↑

□第４段階　子どもたちは、遠くの席の子と、無秩序なおしゃべりをしている。

↑

□第５段階　授業中、無秩序に教室を立ち歩く子どもがいる。

↑

□第６段階　授業中、無秩序に教室を出て行く子どもがいる。他クラスからの乱入がある。

↑

□第７段階　授業中、校内のどこかに子どもが集まっている。

↑

□第８段階　学校を抜け出し、コンビニや公園に集まったり、家に帰る子どもがいる。

↑

□第９段階　非行や「教室に居場所がない」ための欠席や不登校、連絡のつかない子どもがいる。

①あなたの授業は、今、どの段階ですか？

②各段階ごとの、学年や学校での対応をホワイトボード・ミーティングで話し合い、標準化しておきましょう。

説明するまでもなく、教室が荒れると授業の成立もむずかしくなり、学力にも影響します。

「静かにしなさい」ばかりを繰り返す薄っぺらな授業。出て行く子どもを追いかけるたびに中断し、待たされることが多い授業。静かだけれども、まったく反応のないしらけきった授業。こうなると、子どもたちは学びや学校生活に意欲を見出しにくくなります。当然、学力や仲間関係にも大きく影響します。

ある段階までは、抑えつけることで子どもは静かにします。静かな授業は自分に不利益が降りかからないので、ある意味、安心できる授業で、時にはそんな場面も必要です。しかし、子どもたちの力は、正負ともに潜在化し、見えにくい教室になります。また、抑えがきかない教師が対応すると授業が成立しません。当然、生徒同士に関係が育ちにくいので、教師がいないと何もできない、自発性や関係性の希薄な教室になります。教育効果は低いです。

大切なことは、教室が荒れたときは担任一人、授業者一人が背負い込むのではなく、学年や学校全体で取り組むこと。それも早期段階で情報共有し、チームプレーで教室を温めていくことです。

ある中学校では、おおむね女性教員の授業になると男子生徒が授業妨害を始める症状がありました。そこで放課後に、女性教員が全員そろって、授業妨害をする男子生徒と徹底した話し合いをもったそうです。「なんで女の先生の授業だけ妨害するんや?」と一致団結して迫る女性教師のつながりと迫力に、それ以降、男子生徒たちは恐れをなして(?)男女の差で授業態度を変えることはなくなりました。ほんま「なめとったらあかんで!」です。男女共同参画社会は、こんなところから体験的に学ぶのです。

学校や学年で、対応をあらかじめ共有しておく

荒れの原因は複雑に絡み合っていますが、とにかく早期発見、早期対応が肝心ですから、常に第一段階をめざすために、あらかじめ、段階ごとに、担任や学年集団がどう対応するのかを、標準化（マニュアル化）して共有します。

たとえば、第四段階になったら、臨時班長会議を開き、子どもたちと授業の進め方を相談する。第五段階では、担任や授業者が抱え込むことを防ぐため、まず、「学年代表に状態を伝える」と定め、学年代表は、「ホワイトボード・ミーティングや授業観察で状況を共有する」など、具体的な手続きを決めておきます。

第六段階になったら、職員室にスムーズに連絡をいれ（できれば、ボタン一つで伝わる装置があればいい）空き時間の教師やスクールサポーターなどのボランティアが教室を出た子どもに対応する、などをあらかじめ決めておきます。何年か経験を積めば、教室が荒れていくプロセスは予測できますよね。

各段階での対応を可視化しておくと、気づいたときには、学級崩壊状態で、「どうしようもない」「担任以外の先生は詳細を知らない」「担任一人で抱え込む」状態は防げます。

特に小学校は要注意。経験則では、学齢が低いほど圧倒的に担任が抱え込みやすいものです。教室が荒れていくことを「自分の力不足」と責め、誰にも相談できない。隣のクラスの担任は、横目で見ながら、どう声をかけていいかわからない。ひどいときは、「うちのクラスでなくてよかった」と胸をなで

おろしている。

管理職が「大丈夫か」「サポートに入ろうか」と問うても、担任は「もう少し、がんばります」と答えるしかないから、介入のしようがない。このときには、すでに孤立感を深め、頑なになっている場合も多いのです。結局、介入するときは、担任が体調不良に陥って学校に来られなくなるときや保護者からの苦情が続いたとき。

私はこれ、間違いだと思います。子どもたちにも教師にも、こんな不幸な循環はありません。日頃からホワイトボード・ミーティングでクラスの情報共有を進めておくことはもちろんですが、段階ごとに対応を決め、スムーズなフォーメーションで動きましょう。たとえば、第五段階では、

①速やかに、学年代表に申し出る。
②学年会議を開催し、子どもたちの状況を把握・分析する。
③立ち歩く子どもから話を聴き、ルールの共有と心のケアをする。
④家庭訪問や保護者との懇談を実施する。
⑤立ち歩きが多く、授業の成立がむずかしい場合は、学年集会を開いてゴールとルールを共有する。

など、対応を可視化、標準化しておきます。そして、これを最初から子どもや保護者とも共有します。保護者も、「学級崩壊しました」「担任が代わります」の段階で、いきなり学級懇談会に呼び出されても戸惑います。学校のめざす方向性や対応を、あらかじめ共有しながら進めましょう。

ところで、標準化したマニュアルを決めても、柔軟な対応が必要なときもあります。そのときには、

きちんと説明をして、ちゃんと柔軟に対応しましょう。標準化されたルールがあるから、柔軟な対応ができるのです。この二つは、何ら対立するものではありません。

冷めているときほど、温める工夫をする

各段階での対応を標準化、可視化したら、一方で、子どもたちが、教室にいたくなる工夫、授業に積極的に参加したくなる工夫をします。教室の状態が悪くなるほど、担任や授業者が子どもたちを怒り続け、余計に教室の「温度が下がる」スパイラルが生まれがちです。しかし、豊かな学びを創造するためには、温かい教室が不可欠で、ファシリテーションはそれが得意です。冷め切ったときほど、子どもたちがリラックスできる温かさを創造しましょう。ルールは温かい教室をつくるためにあるのです。

また、子どもたちのなかには、厳しい生活実態をもちながら、登校してくる子も少なくありません。両親が離婚して、今朝、親が出ていった。親が警察に逮捕された。理不尽に続く親の高い要求に、とうとう息切れしてしまった。家庭内で暴力が続いている。しつけという名のもと、親に否定され続けている。債権者が家に押し寄せて大声で威嚇された、等々。

家から離れ、教室で過ごすことでストレスを緩和し、バランスを取り戻す子も多いですが、到底、教室で授業を受けることがむずかしい、ホットな緊急性の高い精神状態のときもあります。何とか登校してきても、落ち着いて着席なんて、できなくてあたりまえです。

ホットなときは、いったんクールダウンできる場所や機会が必要です。大人だって、そんな状態にさ

らされたら、しんどいものです。ちゃんと話を聴いてくれる、自分の存在を受けとめて寄り添う大人や友だちのいる安心、安全な場が不可欠です。

やがては教室に帰る。そのきっかけや流れを上手にデザインしながら、本当にしんどいときは教室とは別にクールダウンできる場所を設けましょう。スクールカウンセラーや養護教諭など、専門性をもつ人から学び、連携することも大切です。

ルールを守ることと、ホットな気持ちをいったんクールダウンして、子どもの心を温めるために寄り添うこととは、けっして対立しません。

どちらも、子どもの育ちに必要で大切な両輪なのです。

exercise 9

①あなたの学校では、各段階ごとに、どのような対応をしていますか。各段階について、対応を共有し、標準化（マニュアル化）しておきましょう。

②あなたの教室は、どの段階ですか。ホワイトボード・ミーティングで学年で状況を出し合い、共有しましょう。

③子どもがホットな気持ちで登校してきたとき、あなたの学校や教室にあるクールダウンの方法をあげてみましょう。また、どんな方法があるか、工夫を話し合ってみましょう。

子どもの「問題行動」への処方箋

弁護士／TPC教育サポートセンター　峯本耕治

＊子どもの愛着障害と学校現場

格差社会が進むなかで、家庭環境は「ネグレクト・放任型の家族」と「過保護・過干渉・過プレッシャー型の家族」に両極化しているといわれます。競争が煽られ、親の焦りや不安感、孤立感、プレッシャーが強まると、親の子育てへの価値観や視野も狭くなりがちで、超プレッシャー型の愛着障害が非常に生じやすくなります。

「ネグレクト・放任型の家族」、「過保護・過干渉・過プレッシャー型の家族」、あるいは「身体的虐待のある家族」を問わず、愛着障害や愛着に課題を抱えた子どもが増えていることは、つまり情緒・行動面での発達に課題を抱えた子どもが増加し、学校教育の場が確実にしんどくなることを意味しています。

＊発達課題の表現としての問題行動

愛着障害のメカニズムは比較的、簡単に見てとれます。愛着障害を抱えた子どもは、その裏返しとして強い愛情要求を示します。授業中の立ち歩き、教師へのまとわりつき、不自然に注目を集めようとするなど、自分への特別な愛情や注意・関心を求める「落ち着きのなさ」としてあらわれることが珍しくありません。学校では、怒られたり、注意されたり、指導を受けることが多くなり、その結果として、子どもは、少しずつ自尊感情や自己有用感、教師を含む大人への信頼感を低下させます。

必然的に、教師に反発する力を生み始め、同様の環境が続くと、強い攻撃性が出始める。子どもに暴力の学びがあれば、暴力性が出てくることになります。

マイナスの学びや負の成功体験の蓄積、プラスの学びや成功体験の喪失、不安やイライラとそこからの逃避、愛情要求の強さからくる過剰適応など、子どもたちの問題行動は、「自尊感情・自己有用感と基本的信頼感の低さの現れ」であると共に、これら「発達課題の表現」にほかなりません。

本来、学校、教師は積極的に愛着関係を築き、発達保障をする必要がありますが、その症状のやっかいさから、逆に愛着関係が崩れやすく悪循環にはまりやすい、皮肉な状況が存在します。症状の激しさに振り回され、いたずらに感情的な対応になることも少なくありません。

＊問題行動への処方箋

そんななか、学校、教師は、子どもたちにしっかりと愛情を伝え（それを感じさせ）、子どもたちの自尊感情や基本的な信頼感を高めながら、しつけ、発達保障をしていく必要があります。

そのためには、何よりも問題行動に表面的に振り回されるのではなく、家庭環境等を含めた問題の背景、原因をしっかりとアセスメントし、問題行動の意味を理解して、対応プラン（プランニング）を考える必要があります。これをチームで進めていくことが学校、教師に求められます。

問題を抱えた子どもに愛情を感じさせ自尊感情を下げないようにしながら、発達課題に対応するというのは結構むずかしいのですが、さまざまな方法があると思います。

私自身は、たとえば「暴力が出る」とか「切れやすく感情がコントロールできない」などの問題を発達課題としてとらえ、子ども自身と一緒に課題を客観化する作業をし、その克服に向けて子どもをエンパワーする方法が有効だと思っています。家庭環境や友だち関係のプレッシャーやしんどさに情緒的に混乱し、自尊感情が下がり、必要以上に不信が強くなって子どもはしんどくなります。「なぜ自分は課題を抱えているのか」。それを客観的に分析しながら「自信のない部分があっても、ここはできる」「不信をもつのは誰でもそうやけど、客観的にはこうやで」と説明をするなかで元気づけ、課題の部分は一緒に克服しようと声をかけます。課題を客観化し、一緒に考え、元気づけながら子どもをエンパワーしていくことは、愛情を伝えながら、発達課題に対応していく普遍的な手法です。

問題が起こってから動くトラブルベースではなく、ポジティブベースな関係づくりも有効です。たとえば、中学校入学時には、子どもたちとのオリエンテーション（個人懇談）が効果的です。すべての子どもたちの中学生活への思いを聴き、教師は子どもの良さも課題も受けとめることを伝えます。やんちゃそうな子には、「理由や気持ちはあとで聴くけど、悪いことをしたときは、みんなの前でも思いっきり怒るで」と最初に約束をします。厳しいルールや規律（枠）も愛情、愛着関係に支えられている必要があります。

13日目 Lesson13

エンパワメントな教室づくり⑥ 子どもたちの主体的な学びを生み出す

まずはアクティビティです。

①学級全体の座席表をつくります。
②他の先生に、授業を観察してもらいます。
③観察者は、後ろから教室の様子を見て、子どもたちの発言回数をベクトルで書いていきます。誰が誰に発言しているのか。観察者は、その様子を後ろから見ながら、基本は、一回の発言につき、一つのベクトルで書いていきます。
④授業終了後、座席表を見ながら発言のバランスを確認します。満遍なく子どもたちは授業のなかで発言できているか。教師は満遍なく子どもたちに向かって言葉をかけることができているか。言葉の内容によらず、発言の回数やバランスを、ザクッと共有しましょう。

ACT⑬ 子どもの参加度チェック

座席表

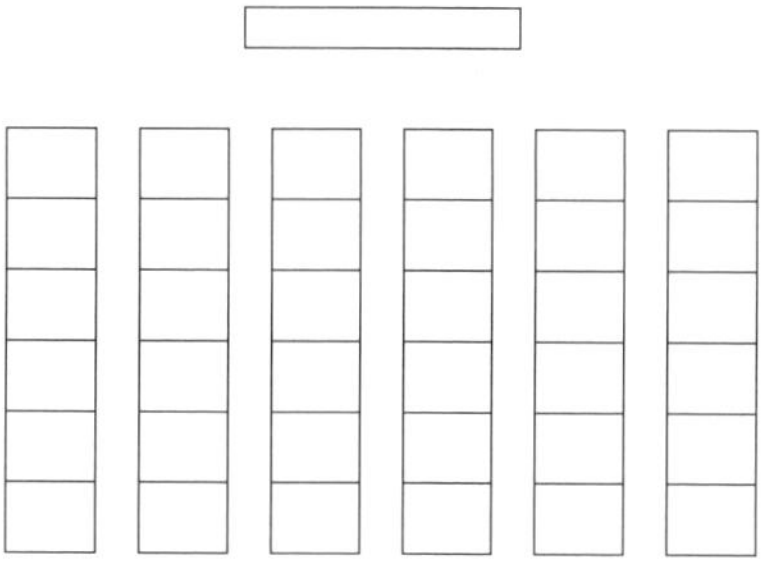

偏りの多い授業

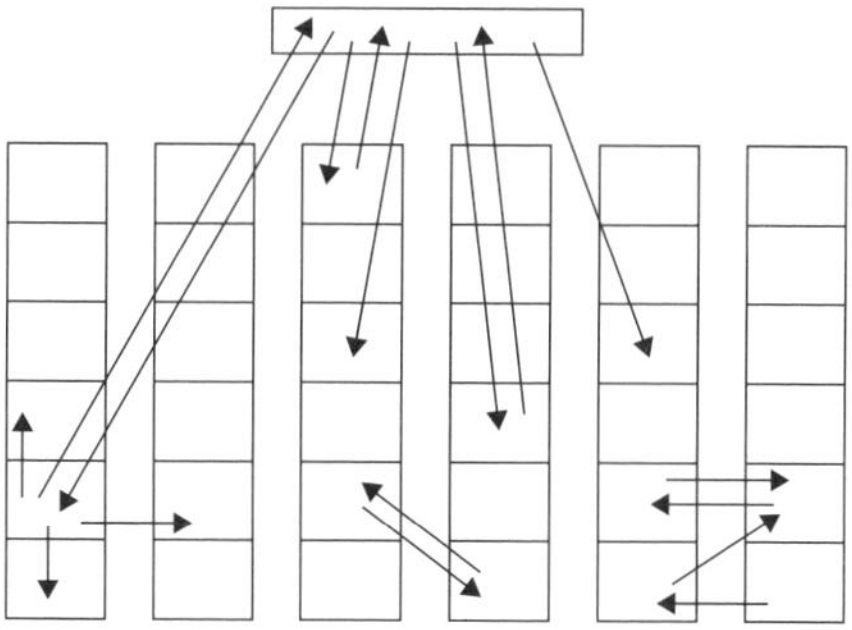

特定の子どもだけが、教師に向かって発言し、対応する状態。教師は子どもに応えているつもりでも、非発言の子どもたちの授業への参加度は下がり、教室の空気も温まりにくい。

偏りの少ない授業

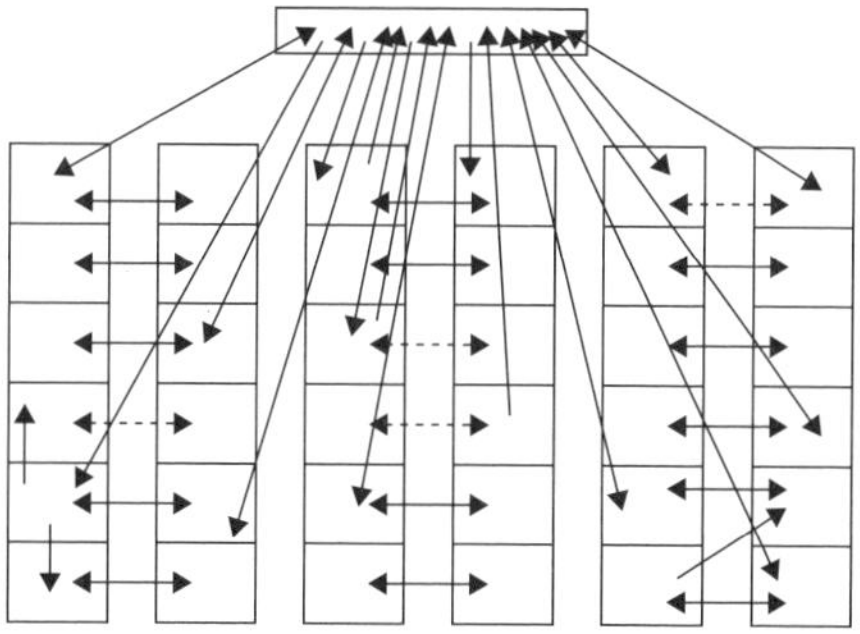

ベクトル以外にも、ペアで話し合った答えを順番に発表するなど、一人ひとりの授業への参加度が高い教室。

公平であること

教室のなかで、何度も話しかけてくる子がいます。先生は一人。子どもは四〇人。なのに、特定の数人が途中で何度も質問をして話の腰を折られてしまう。振り回されてしまう。そんな経験はありませんか。何回発言しても、気持ちが満たされないから、次つぎに質問を繰り出す子どもがいます。

そんな声も上手に拾いながら授業を展開し、全体を巻き込んでいくことは可能です。しかし、あまりにも無秩序に発言が繰り返されると、最初は優しく対応できても、だんだん、ぞんざいになってしまうし、その子が休むと授業が進む「事実」が積み重なっていきます。こうなると、ほかの子どもたちが、「この子には、ぞんざいでいいんや」「この子は、休んでくれたほうがいい」と体験的に学んでしまいます。

絶対に避けたい悪循環です。

学齢によって対応は違いますし、専門的な支援が必要な場合もあります。

そのうえで、その発言がクラスメイトの信託を受けているなと感じたときは、拾いつつ全体を巻き込むように展開します。そうでない場合は、まずルールを共有しましょう。

小学校なら、「発言するときは、手を挙げる」が基本です。

また、発言者が偏らないように、席の順番に全員をあてていきます。意見が出にくいときには、まず、隣の人とペアで聴き合う時間を設けてから意見を求めると、子どもたちも発言しやすくなります。

ペアで話し合う関係が成立しないときは、すでにご紹介した「スピード」を活用したアクティビティ

（111頁参照）などで、子どもたちに聴き合う関係性を育みます。

あるいは、こんなふうに声かけすることもよくあります。「全部の質問に答えたいけど、そうするとほかの子たちの意見が聴けなくなるから、半分は聴くけど、半分は答えません。あなたのことは好きやけど、ほかの子の意見も聴きたいし、最後まで私の説明を聴いてほしいから、ごめんやけど協力してね」。

それで拗《す》ねてしまうこともありますが、丁寧に、誠実に伝える努力は惜しみません。満たされない思いがあって、無秩序に発言を繰り返すのなら、ほかに気持ちを満たす場を得ると、落ち着けることが多いです。無秩序な質問も格段に減ります。

「手を挙げて発言する」ときや「今は口々に発言してもいいとき」を、わかりやすく区別することも大事です。担任一人で対応できない場合は、学年で相談し対応を考えます。

同時にアクティビティで「静かを作る」を共有し、ペア学習やグループ学習で、子どもたちが積極的に聴き合う時間もつくります。子どもたちの興味、関心に学びながら、授業のなかにメリハリをつけましょう。聴くだけの授業は誰だってしんどいものです。こうしてクラスが落ち着いてくると、説明の途中で何度も話しかける子どもたちも、落ち着きやすくなります。

クラスが崩壊していくとき

特定の子ばかりに教師のベクトルが向くと、ほかの子どもたちはおいてけぼりになり、授業の参加度は下がります。授業や教師への期待、やる気も同時に下がります。

学級崩壊が起こっているクラスに入ったとき、共通して感じることがあります。大きな声ではないけど、クラスのアチコチでワチャワチャと私語が続いている。声をかけても反応がない。注意されても自分のことと思わない。ダラ～ッと伸びきったゴムのような「つかみどころのない」クラスの光景。学校への夢や希望、信頼を失った子どもたちが、ただ教室のなかに一緒にいるだけ。集団としての機能を失ったクラスは、手から砂がこぼれるように崩壊していきます。

まったくの経験則ですが、クラスの七割の子たちが「学校は楽しいほうがいい」とシンプルに思っていて、その思いが見える形で共有されていれば、授業や集団機能は維持、成長できます。しかし、いわゆる「あんまり手のかからん子」たちがやる気をなくし、クラスの三割以上がしらけてしまうと、しんどい。学級崩壊への道のスタートです。

研修でホワイトボード・ミーティングをする際、クラスや授業における子どもたちの課題を発散してもらうと、教室を飛び出す子、授業妨害する子、特別な支援が必要な子、不登校の子などの深刻な課題を抱えた状況がたくさん語られます。この子たちの居場所を教室につくりたい。切実な教師の訴えや思いには、私も共感しますが、それは集団として、温まったクラスがあってこその話です。クラス全体が冷め切っているかぎり、課題をもつ子が教室のなかで居場所を見つけることはむずかしいです。

ファシリテーションは公平性を大切にします。まずは、しっかりクラス全体、一人ひとりを温めましょう。子どもたちに温かい関係を育むときに活用する、ワークシートを使ったアクティビティを紹介します。あなたの教室でも、一度、子どもたちと一緒にやってみてください。

ACT⑭ 私を語る10の言葉（小学生高学年・中学生用）

なまえ

①私の誕生日は　月　日　座　です。	
②好きな芸能人は　です。	
③好きなアーティストは　です。	
④私が元気になる曲は　です。	
⑤私は、　をしている時、一番、集中していると思います。	
⑥私は　をしている時、一番、心がリラックスして落ち着きます。	
⑦私の特技は、　です。	
⑧私の小さな目標は、　です。	
⑨私の中くらいの目標は、　です。	
⑩私の大きな目標は、　です。	

■オマケ…（その他、何でもOK）

ドン！」と言ったら、一斉に黒板に書いてある順番にワークシートを隣の人に回していきます。

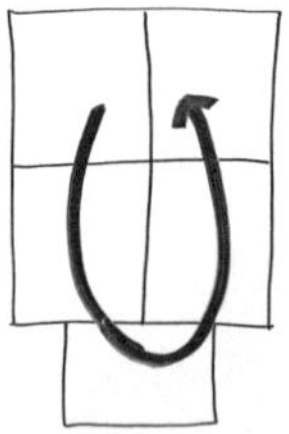

②ワークシートが回ってきたら「これええやん」と思うところを1つ選び、右側の四角に「これええやんマーク」を書いて褒めてください。マークは、星でも、丸でも、何でも自由です。
③「せーのーでードン！」の合図でドンドン、ワークシートを回し、自分以外の全員に「これいいやんマーク」を書きます。
④では始めます。「せーのーでードン！」。
＊全員に回るまで繰り返す。
⑤自分のプリントが返ってきましたね。「これええやんマーク」がついていると、うれしいですよね。

⑷プリント回収と教師による全体共有（席は前向き／10分）
①では、班長さん、集めて前に持ってきてください。
②では、今からどんなことが書いてあるか紹介します。
＊名前を読むかどうかは、クラスのなかにある信頼によって決まります。名前を読まれることは恥ずかしいし、いやだけど、信頼が育まれてくると、名前を読んでいい瞬間が訪れます。クラスの状態が、名前を読んだほうが子どもたちの心がより温まるのなら読み、そうでないなら匿名にします。判断してください。
＊教師は、読みながら好意的な関心を言葉で示します。「へえ〜、そうなんや」「すごいなあ」「ほんまかあ？」など。子どもたちの声を代弁し、共有しながら温めましょう。
③書いてくれてありがとう。こんなふうに、友だち同士で「これええやん」と言い合える関係を行事に向けてつくっていきましょう。小さなことでいいから目標をもち、「心の体力」を温めながら学校生活を送っていきましょう。
④教師が一人ひとりに温める言葉をひとこと書いて、翌日、プリントを返却。

ACT⑮ 私を語る10の言葉の展開例（約30分）（小学生高学年・中学生用）

●**授業のゴール**（少しの自己開示と互いの良さを認め合う関係づくり）

①子どもたちが自分自身をふりかえり、意識化・文字化する。
②自分の「心の体力」を温めてくれるモノや学校生活の目標を考える。
③友だちのワークシートを見て、「これいいやん」と褒める練習をする。
④友だちから「これいいやん」と褒めてもらう。
⑤全体共有で、クラスの友だちのことを知る。
⑥教師が温める言葉を書いて、子どもたちに返す。

これええやんマークの例

●**進め方**

(1)説明（席は前向き／8分）

①名前を書いてください。
②説明をします。自分自身のことを書いていきます。たとえば、好きな芸能人の欄には、佐藤健とかオードリーといった俳優やお笑い芸人などを書きます。好きなアーティストは、GReeeeNやジェロなどです。
＊2008年の具体例です。今の最新流行を具体例としてあげましょう。
③リラックスできる時間、集中する時間、目標など。自分で考えて書いてみます。目標は何でもOK。絞りだして書いてみてください。
④ただし、このワークシートは、あとから班で見せ合います。だから言いたくないことは、書く必要はありません。
⑤今から５分程度で書きます。あまり深く考え込まず、思いつくことを書いてみましょう。まずは10個埋めて書くことが目標です。
では、始めます。

(2)プリント記入（席は前向き／５～７分）

①では、今、書いている文章が終わったらペンを置いてください。
②机を班の形にします。

(3)グループで共有（席は班／５分）

①班で共有します。まず、黒板を見てください。私が「せーのーでー

実際に教室でこのアクティビティをするときは、進め方の(3)と(4)の間に「声出しビート」(153頁参照)を入れることがよくあります。子どもたちは、立ち上がり、まずは、教師のかけ声で班ごとに輪になってやります。その後、班長が声かけをして、それぞれの班のスピードでやってみます。

ここまでが何となく成立したら、今度はクラス全員が教室で一つの大きな輪になってやります。何ということはないですが、できたらうれしい。最後の「トン」がピタリと決まると、気持ちいいです。最初は一人ひとりから始まった活動が、班に広がり、クラス全体に広がるプロセスを、このアクティビティで実感し共有してから、ワークシートの全体共有へとプロセスを進めます。この流れが大切です。

もし、「これええやんマーク」をつける活動が、三割以上の班で成立しないときは、このプロセスを外して、プリントを回収し、教師の声で全体共有を進めていきます。子どもたちの状態に合わせて、上手にプロセスをアレンジしましょう。そして教師の言葉で、たくさん子どもたちを温めてください。

ワークシートを活用しない、白紙を活用して、自由に自分を語ってもらう基本バージョンも紹介します。自尊感情や他者理解を促進するクラスづくり、職員室づくりにご活用ください。

ACT⑯「声出しビート」

●ゴール
①グループの波長合わせをする。
②小グループ→大グループへのプロセスを感じる。
③クラスで1つのことに取り組むチョットした「達成感」を獲得する。

①トンで拍手1回

②1回、2回とだんだん増やし減らしていく

●かけ声
トン1、トン1・2、トン1・2・3、トン1・2・3・4、トン1・2 ・3・4・5、トン1・2・3・4、トン1・2・3、トン1・2、トン1、トン。
＊みんなで声をそろえてやってみましょう

●進め方
①まず、1つのグループ見本を見せます。丸い円になってください。
②私がかけ声をかけます。「トン」と言ったら、拍手を一度します。
③1のかけ声で隣の人と手の平を合わせて1回たたきます。
④トンのあと2のかけ声で、隣の人と手の平を合わせて2回たたきます。
⑤同様に5まで増やします。5の後は4、3、2、1とだんだん減らしていきます。
⑥最後は1「トン」で拍手をして終わります。ピタリとそろうと気持ちいいです。
⑦では、やってみましょう。まずは、私のかけ声で、全班一斉にやります。
⑧うまくいきましたか。では、もう一度やります。
⑨OKです。では、班長さんが声をかけて、各班でやってみてください。
⑩OKです。最後にクラス全員でひとつの輪になり、学級委員のかけ声で、やります。では、輪になってください。
⑪学級委員の人、かけ声をお願いします。
⑫OKです。クラス全体で最後にピタリと拍手で終わると、気持ちいいですよね。こんな感じで、クラスの波長を合わせながらやっていきましょう。

ところでもいいので、褒めてください。
＊時間は30秒くらい。1人目は時間がかかるけど、だんだん慣れます。
⑦ありがとうございました。1人目の人に拍手をしましょう。
⑧では、次は隣の人です。自分の書いた紙を見せながら、自分のことを語ってください。ほかの人は、好意的な関心の態度で、体全体で話を聴いてください。では、1分です。スタート。
＊同様に、ほかの人に褒めてもらう作業を順番に進めます。

●第3部
⑨お疲れさまでした。では、私に好意的な関心の態度を向けてください。
⑩今回、10個書けなかった人も、ぜひ、10個くらいの言葉で、自分を語れるようになってください。どんなことでもいいです。
⑪私たちは、シンプルに褒めてもらうとうれしいですよね。お互いに、わかり合い、褒め合えるようなクラスをつくっていきましょう。
⑫私たちには、良いところと悪いところ。得意なことと不得意なことがあります。良いところばかりの人は気持ち悪いし、悪いところばかりの人もいない。そのバランスのなかで生きています。まずは、自分の良いところも、悪いところも含めて、トータルな「私」を好きになってあげてください。自分の存在へのOKです。
⑬トータルな自分にOKを出せる気持ちを「自尊感情」といいます。「○○ができるから自分はOK」だけではなく、○○ができない自分も含めて、トータルな自分を、ちゃんと好きでいてあげる気持ちです。強い私も弱い私も丸ごとOK。ありのままの自分を好きという気持ちです。まずは、ここからスタートしましょう。
⑭自尊感情が高いと、ほかの人に対しても「寛容」になれます。「この人、わけわからんなあ」と思っても、「自分もいろんなところがあるのだから」と、ほかの人のことを認めやすくなります。「他者理解」といいます。逆に自尊感情が低いと、「なんや、コイツ」とキレたり、むかつきやすくなることがあります。
⑮自尊感情が高いと、ほかの人が良いことをして認められているとき、素直に心からの賞賛を送ることができます。逆に、自尊感情が低いと、「なんであの人ばっかり」と、妬みや嫉妬といったドロドロした気持ちがうずまきます。
⑯自分のことを好きでいられる。仲間のことも認められる、褒め合える仲間関係をつくっていきましょう。

ACT⑰ 私を語る10の言葉

（20分／４人１組／椅子に着席／A4用紙／マジック１本）

●第１部…白紙を配る

①「私を語る10の言葉」と書いてください。タイトルのとおり、自分のことを10個の言葉で紹介します。たとえば、私の場合は、こんなふうになります（①～④くらいまでをモデルとして黒板に書く。強み、弱みを両方いれる）。

②好きな音楽、アーティスト、好きな食べ物、嫌いな食べ物、得意、不得意など。何でもかまいません。自分を10個の言葉で語ってみましょう。あとから、グループで見せ合います。なので、書いてもいいことだけ書いてください。コツは思いつくことから順番に書き始めることです。直感的に書きます。

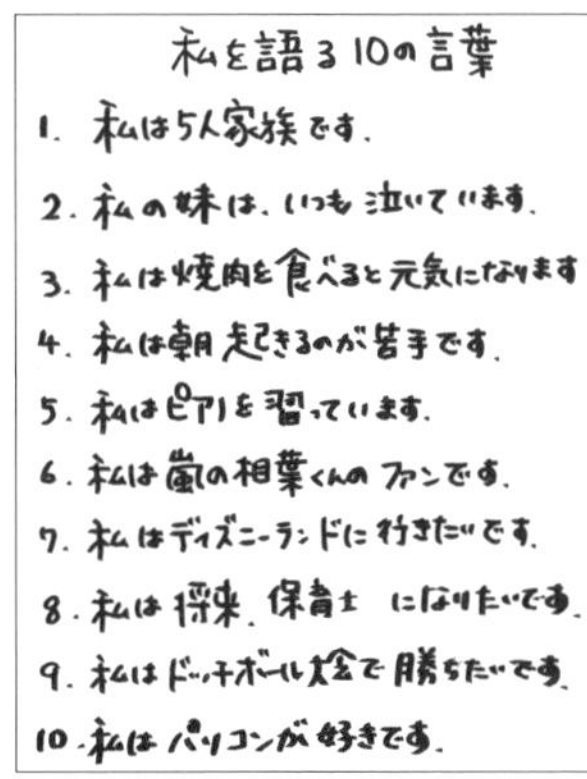

③では、ペンを持ってください。時間は５分です。用意スタート。

＊集中して書いているが時間不足のようなら少し延ばします。集中できていなかったら10個書けていなくても５分で切り上げます。

＊全体の３分の２以上が10個は書けている状態が目安です。

●第２部

④時間になりました。10個書けていなくてもよいので、全員、一度、紙を裏に向けます。私に好意的な関心の態度を向けてください。今から、グループで書いた紙を共有します。発表は１人１分。ほかの３人に紙を見せながら、自分のことを語ります。ほかの人は、体ごと向いて発表を聴きます。

⑤時間が余ったら、ほかの人が質問をして、もっと引き出してあげます。では、今から始めます。まずは、班長から、発表をお願いします。

＊１分間計測

⑥１分たちました。終わります。リーダー以外のみなさん、マジックを持ちます。10個なくてもOKです。発表したなかで、「ここ、すてきやなあ」とか、「ここ、いいなあ」と思うところ、共感できる文章を１つ選び、ピーッと線をひいて、言葉で褒めましょう。どんな

14日目 Lesson14

エンパワメントな教室づくり⑦

スモールステップを積み重ねる

　ある学校でのことです。私へのオーダーは子どもたちのソーシャルスキルの向上で、特に「教室から出ていってしまう子ども数人を教室に戻してほしい」でした。学年の先生方と会議をし、子どもたちの状況や課題、めざす方向性も確認し、子どもたちの前に立った初日。私は呆然としました。

　初めて学校に来る人に対して、純粋に興味や関心がない。隣の子とペチャペチャおしゃべりをしたり、筆箱から消しゴムを出して、削り出したり。挨拶をしても特に返事もなく、数人の子をのぞいては、誰もコチラを見ない。担任は「前を見なさい」と言いますが、一瞬見ても、すぐまた元のペース。たまに思いつきの質問を投げかけてくる子もいますが、だからといって答えを聞きたいわけでもない。話が中断されてしまうだけで深まらない。そんな印象でした。

　教室にぬくもりが感じられない。

　出て行ってしまう数人が、ただ物理的に教室に「収まれば」よいのではない。何より、教室での居場所は、子どもたちの関係性のなかにできるのです。しかし、教室に戻そうにも、戻るべき集団はどこにあるのか、まったく見えてきませんでした。

授業中、一人の子が大声を出して暴れだしたときのことです。何がきっかけか私にはわかりませんでしたが、彼にはきっとあったのでしょう。でも驚いたのは、彼が暴れだしたことよりも、彼が暴れても平然といつものペースで友だちとおしゃべりを続けたり、消しゴムを削り続けている子どもたちの姿でした。

教室で大声で暴れるというのは、普通のことではありません。なのに、子どもたちは慣れてしまって、まったく動揺しない。ほとんどの子どもたちが、特に関心も示さず、マイペースな私語を続け、暴れる子のいる隣で普通に笑っている。私は、そんな子どもたちの様子がとても悲しかったし、心配になりました。これが学級崩壊です。

とりあえず私は暴れだした彼に対峙《たいじ》し、担任に彼がクールダウンするための対応をお願いしました。しかし、私や担任が暴れる彼を抑えていても、多くの子どもたちは「いつものこと」とあわてる様子もありません。でも、ここをマヒさせてしまってはいけないのです。暴れている子にとっても、同じクラスのみんなにとっても、学校にとっても「大変なこと」であり、「大切なこと」なのです。

第12日目でも説明したとおり、教壇に立つと、教師は荒れる子、しんどい子に目が向きがちです。でも、もっと怖いのは、普通に前を向いて勉強している子たちが、しらけてしまったクラスです。「やる気のある子」「ないわけではない子」たちが、やる気や希望をなくしたクラスは、どこをつかんでよいのかが見えにくくなり、学級経営や授業進行が困難になります。子どもたちにとって最も不幸な状態です。

クラスのなかに「教室をおもしろくしよう」「学校を楽しくしよう」という風土が根づいてこそ、荒れる子どもたちが戻る場所もできます。どの子にとっても同じです。

どんなクラスをつくっていくのか。ゴールとルールをまず共有する。子どもたちの力を借りながら、「心の体力」を温め、ルールを守ることを体験的に学ぶ。スモールステップの積み重ねで確実にゴールへと共に歩んでいく。「心の体力」が温められ、一人ひとりの力が発揮されるエンパワメントな教室をつくっていきましょう。

命のバトン——子どもの可能性をあきらめない教育

この春、命のバトンを受け取った。送り主は横山昌計先生。桜が咲くのを楽しみに待ちながら、天国へと旅立った。私が手にしたのは、まさに人権文化を切り拓いてきたバトン。他にも家族、友人、同僚、教え子……。たくさんの縁《ゆかり》ある人に、横山先生は命のバトンを託して逝った。

＊講義型学習から、参加型学習への転換

長年、学校での講演活動を続けてきた私は、ここ数年、子どもたちの「聴く」力の低下を顕著に感じてきた。障がい者との共生や国際理解を通じて、「仲間づくり」や「自分らしく生きること」の大切さとオモシロサを語りかけるのだが、どうも、話が子どもたちの頭上で空を切っている。

もちろん熱心に聴く子もいる。しかし、小、中、高校の学齢を問わず、おおむね前を向いて話を聴くことがむずかしい。一人ひとりは、素敵な個性が花開く「種子」（可能性）をもっているけれども、一方的な講演では、それも見えにくかった。そこで私は引き受ける講演のすべてをワークショップ形式（参加型学習）に切り替え、子どもたちのもつニーズに寄り添いながら、ゴールを一緒にめざすスタイルへと学習方法を転換した。

一方的に知識を教え込むのではない。子どもたちの力を引き出し、つぶやきをひろい、仕かけ、共にゴールに向かって歩む。このような役割をファシリテーターと呼ぶ。

*ニーズにあった総合学習の設計

横山先生の招きで、子どもたちに出会ったのは秋だった。私への依頼は「子どもたちのソーシャルスキル」の向上。元気いっぱいの子どもたちだが、やはり「聴く力」の低下はここでも顕著だった。授業中の私語や立ち歩き。友だちや先生にすぐキレル。しかも、それを許し合うヘンテコリンな寛容さが、子どもたちのなかに育っていた。自尊感情の低さも気になった。

学年では、担任の先生を中心に、熱心な教育活動が展開されており、そのブレーンとして横山先生がいた。私がかかわる総合学習では、一人ひとりの子どもの個性を大切にしながら、子どもたちが規律を守り、互いに高め合えるクラス集団に成長することをゴールとして設定。そのためには、日々の授業と連動しながら、継続した総合学習でのトレーニングが必要と判断した。

＊人間関係トレーニングとしてのチャング演奏

素材に選んだのは、韓国の太鼓「チャング」。初めて見るチャングに、子どもたちは興味津々で、演奏してみせると大きな拍手が送られた。しかし、「この曲をみんなも演奏するで〜」と言うと、あちこちから「ムリ〜！」の嵐。ダメ出しの多さに、内心、冷や汗を流した。

トレーニングは、単調なリズムをこだまのように繰り返すことからスタート。ドンドンドンと私が叩けば、子どもたちからもドンドンドンと音が返ってくる。単純だが、聴き、まねる練習だ。音をピタリと合わせるためには、目と心を合わせることも不可欠。最初はむずかしかったが、次第に音が揃い始める。その心地良さが「友だちと力を合わせる」ことの楽しさへとつながる。次つぎにむずかしいリズムにも挑戦。高め合う良い循環が生まれた。

多目的室から流れ出る音の成長を校長先生からも褒められて、子どもたちのなかには、次第に自信も芽生え始めた。そして冬の授業参観で成果を披露することになった。本番当日。私は客席に戻って子どもたちを見守った。最初から最後まで。子どもたち同士で目を合わせ、お互いの音を聴き合うピタリと息のあった素晴らしい演奏に、会場からは惜しみない拍手が送られた。子どもたちの顔は自信と達成感に満ちていた。

＊子どもたちの可能性をあきらめない

もちろんすべてが順調に進んだわけではない。本番前の通し稽古で、男子生徒が練習に集中できず横山先生に厳しく叱られた。体育館中に響き渡る怒鳴り声。子どもたちのなかには、なぜ横山先生がここまで厳しく規律を求めるのか、素朴な疑問があった。疑問を放置すれば、「うざい」先生で終わってしまい不信が残る。

またチャング練習にまったく参加しない男子生徒もいた。強がっているが、自信のなさの裏返しでもある。「幕引き係でもするしかないか」、誰もが彼らの太鼓での参加をあきらめていた。でも、横山先生はあきらめない。子どものなかにある力を信じきり、話し合いや秘密の特訓を重ねた。そしてクラス全員参加の発表を実現した。

授業参観の数日後におこなったふりかえりの授業では、総合学習を通じて育まれた宝の部分を子どもたちと確認した。それは信頼や友情という言葉になった。また、横山先生が本番前に厳しく叱った理由は「自分たちのもつ素晴らしい力を出し切ってほしい」との願いからであることをひもといた。楽しいチャング演奏は学習規律と両輪であったこと。だからこそ高め合う関係ができたことも子どもたちと共有した。

この様子は映像に収められた。「学校や仲間、自分のもつ可能性を大切に前に進んでいって下さい」。ビデオには、横山先生のあたたかいメッセージがあふれている。

ガンに侵されていた横山先生は、この授業の翌日に入院。そして旅立たれた。横山先生が貫いた子どものもつ可能性をあきらめない、子どもの力を信じきる教育の根底には、生活から生まれる悩みや矛盾を受けとめる同和教育があったことも忘れてはならない。闘病中、横山先生との合言葉は、諏訪中央病院の鎌田實医師の「がんばらない」「あきらめない」であった(『がんばらない』『あきらめない』集英社刊)。

子どもたちの可能性が輝く教育。横山先生から命のバトンを受け取った私もまた、子どもたちのもつ力を信じ切れるファシリテーターとして、人権文化を拓いていきたい。

(全国同和教育研究協議会編・発行『同和教育　であい』より)

コミュニケーショントレーニングとしてのチャング学習

ドンと響いた音がとってもソウルフルな韓国・朝鮮の打楽器チャング。私はこの楽器を子どもたちの集団づくりの教材に活用します。教室でなかなか静かにできない。じっとできない。友だちの意見をすぐ否定してしまう。自信がなくて、自分を出しにくい。力を合わせて課題解決に取り組めない。いろんな現場に立つと、最近の子どもたちの課題が見えてきます。

でも、子どもたちのなかには力がある。私たちファシリテーターは、その力を信じて子どもたちの前に立ちます。子どもたちの「心の体力」を温め、安心して自分の力を出して共有する。クラスがめざす「集団のゴール」に向かうアクティビティとしてチャングを活用します。別にチャングでなくてもかまいません。このエッセンスを活かす、あなたらしいアクティビティをつくってみてください。以下、紹介します。

①ルールを共有する

一人ひとりが太鼓を叩き始めると、先生の声は聞こえません。

まずは太鼓を前にしても、触らない練習からです。じっと太鼓を見て、一〇秒触らずに我慢します。これを繰り返します。

太鼓を叩き始めたら、先生はカミナリのような音を鳴らすケンガリという楽器をもち、「これを鳴ら

したら、太鼓やおしゃべりを止めて前を向きます」と約束します。これも何度か練習してみます。

②「静かを作る」

静かにするではありません。積極的にみんなで力を合わせて静かを作ります。一切の音のない「静寂」を作り上げることが演奏を引き立たせます。グッと息をつめて、全員が前にいる先生に向かって構える。集中に支えられた「静かを作る」経験を重ねていきます。

③目を見る。視線を交わす

前に座った先生の動作を合図にして、全員が一斉にチャングの連打を始めます。終わるときも、全員が心を合わせてピタッと終わるためには、目を見ることが不可欠です。先生と子ども、または子ども同士が視線を合わせることで、ピタッとそろう音を創造します。

④聴き合う関係づくり

最初に簡単な「こだま」に取り組みます。先生がドンドンドンと叩いたら、子どもたちもドンドンドンと叩いて返すまねっこです。ときどき、妙なリズムやおかしい動きを入れるので、しっかり見て、聴いてないとまねできません。また、簡単なリズムから超難関リズムまでバリエーションが豊富なので、子どもたちの力に合わせ、一歩先の目標に向かって組み立てます。聴き合う関係づくりが進むと、集団の力はグッと高まります。

⑤子どもたちの思いを乗せる

伝統的なリズムに加えて、子どもたちが今、心を震わせている音楽を活用します。子どもたちに流行している曲に合わせてリズムをつくり、叩きます。子どもたちが心を乗せやすい、共有したい歌詞の曲を選びます。これまで選んだ曲は、ORANGE RANGEの「花」、平原綾香の「Jupiter」、SEAMOの「Cry Baby」、GReeeeNの「キセキ」などです。どんな曲を選ぶのかも、子どもたちと相談しながら決めていきます。

いつも何気なく歌っている曲は、気持ちが共感しやすいです。大人になってからも曲を聴くたびに、チャングを叩いて「クラスが一つになった」ことを思い出し、力をもらえます。

⑥ピタッと合わせる達成感

みんなで力を合わせる。その意味がわからないと、なかなかそこに向かって進めません。チャングでは、ピタッと音がそろった達成感や一体感を得ることができます。音がそろうと気持ちいい。力を合わせることはシンプルに心地よいのです。この体験を繰り返します。

⑦子どもにバトンを渡す

何よりも大切なのは、いつまでも先生が前に立たない。その役割をクラスの子どもたちに渡し、子どもたち同士のピア・ファシリテーション（力の引きだし合い）に移行することです。子どもたちは、自分たちと同じ子どもに最も影響を受けます。先生よりも、子どもが前に出たほうが刺激的です。高め合う循環、課題解決力、生きる力はここから生まれていくのです。

⑧ターゲットの移動と新たなビジョンの焦点化

最後に、観客を招いて演奏披露をします。たった一人のためにでも、心を込めて、みんなで力を合わせて演奏する緊張感や、誰かのために心を込めて演奏する喜びを子どもたちは経験します。互いに向き合うようになった子どもたちが、共通のターゲットに向かって力を合わせる瞬間です。校長先生や事務の先生を招いて席を一つつくり、その人のために、子どもたちが力を合わせて演奏を披露します。拍手と賞賛を受けて、子どもたちは自信と一体感、達成感を再確認します。もちろん、保護者参観や他学年のために演奏を披露するのもＯＫ。目の前にいる人に向けて力を合わせるとき、子どもたちの力はグッと高まり、一つになります。

いかがですか。私自身は、同じことを小学校のリコーダー演奏で学んできました。

演奏する前に全員で創り出す静寂。音楽の北村俊彦先生のタクトに引き出されるリコーダーの音。ピタッと演奏が決まったときの何ともいえない心地よさ。何より、友だちと音を重ねることでしか得られない重層的な演奏は、「自分一人が目立てばよいのではない。友だちと波長を合わせるからこそ、演奏としてのクオリティーが高まるのだ」ということを体験的に学ぶ機会になりました。

大人になった私は忙しくて、なかなかリコーダーに触る時間もないし、今となっては、タンギングすらできるかどうか微妙ですが、いつか時間ができたら演奏したい。町でリコーダーの演奏が流れてくると、それだけで元気になれます。子ども時代の体験は、大人になってからもエンパワメントしてくれる大きな力があるのです。

コミュニケーショントレーニングとしてのチャング学習を研修で体験した先生の感想

○こんなにみんなとの一体感を感じた研修は、ほかになかったです。チャングをとおしてつながれたこと。とても素晴らしいなと思いました。リズムを送っているみんなの顔がキラキラしていて、研修後の満足感や充実感が良かったです。クラスの子どもたちにも感じさせてあげたいと思います。

○気持ち良かった。まさにこのひとことに尽きます。人とつながる気持ち良さ、自分を出せる気持ち良さ、一つのものをつくり上げる気持ち良さ。たくさんの気持ち良さを感じることができました。「Cry Baby」で自分が叩く順番のとき、「こんでええかな」って思いながら叩いてたけど、みんながまねして、こだまで返してくれることで、「そんでええんやで」って言ってもらえてる気がして、自信がもてました。しんどかったけど来て良かった。

○子どもの気持ちがよくわかりました。できないときの気持ち、順番が回ってくるときの気持ち、準備が遅れて焦る気持ち。そんなとき、私はどんな言葉がけをしていたかな。「何やってるの」「急いで」と、さらに子どもを追い詰める教師であったと反省しました。間違いを受けいれてくれるこの場で何度もやるうちに、できるようになって、自信をもって演奏できたこと。最後に「ドン！」とそろったあとの余韻。グッときました。今日、ここに来れたことを幸せに思います。

エンパワメントな教室づくり⑧
体験的な学びを育む

子ども時代を幸せに過ごす

たまたま生まれた年が同じで、ご近所に住んでいる。たったそれだけの縁と偶然性で、私たちはクラスや友だち関係を形成します。親の生い立ちも職業も家族構成もバラバラ。個性も将来の夢もまったく違うけれど、せっかくなら、教室のなかでバラバラに存在するのではなく、子どもたちに豊かなつながりが育ってほしい。

出会いを楽しみ、困ったときは助け合い、一体感や達成感を感じる。一人ひとりの「心の体力」が温まるエンパワメントな教室は、「しなやかな優しさ」が生まれるし、みんなで思いっきり笑えます。笑える関係があるからこそ、苦しいこともしんどいことも共に乗り越えていける。

金《キム》香《カ》百合《ユリ》さん（ホリスティック教育実践研究所）の言葉、「子ども時代を幸せに過ごせたら、その後の人生が生きていきやすい」は、本当にそのとおりです。学校の役割は、つくづく大きいと思います。

ある学校を訪れたときのことです。休み時間、廊下で子どもが怒られていました。厳しく詰め寄る教師。壁際に追いつめられていく子ども。横を通り過ぎながら、子どもの心に寄り添ってみます。どんな気持ちかなあ。

私なら、悪いのは自分でも、こんなに人がいっぱい通る所で怒らんとってほしい。友だちや下級生、先輩に見られて恥ずかしい。「ありえへんし、ありえへんし」と心のなかでつぶやきながら、「休み時間やで。とにかく早く、終わって」の一心で、教師の言葉は心には届かない。その場をサッサとやり過ごすためなら、謝罪の言葉もいくらでも言います。

怒るのが悪いのではありません。怒らなあかんときはあります。でも、友だちが見ている前で怒られるのは、カッコ悪くて、恥ずかしい。なんで怒られているのかを深める気持ちにはなりにくいものです。

本当にしっかりと考えてほしければ、怒る場所を選びましょう。ちゃんと向き合って、落ち着いて、しっかり聴き、伝えましょう。人前で怒るときには、そのことに大切な意味があるときだけでいいと思います。

いつも口うるさく怒っている教師の言葉は、子どもたちの心に響きにくいものです。「また、怒ってるわ」てなもんです。逆に、いつも好意的な関心の態度を向けてくれる教師が、たまに怒るひとことは、子どもたちの心にすっと深く染みわたっていきます。

ACT⑱ やる気のないモチベーションも、まずは受け入れる

●ねらい

1　お互いの今日のモチベーションを共有する。

2　やる気のない状態も受け入れる場であることを共有する。

3　まずは、ここから始めていこう！　とスタート地点を確認する。

●インストラクション例

①何ももたずに、その場で立ってください。

②左手を腰において、右手親指を立ててこぶしをつくります。逆もOKです。

③今日の○○が「むっちゃ楽しみ〜」「やる気あり！」という人は、親指を上に突き出します。

④そんな、やる気というわけではないけど、「どうせなら楽しくやりたい」という、やや前向きの気持ちの人は、親指を横に向けます。

⑤「シンドイ」「体力、気力がない」「この場にいることすら間違いと思う」みたいな気持ちの人は、親指を下に向けます。

⑥それでは、私が「3、2、1ハイ」と言ったら、一斉に、自分のモチベーションを正直に前に突き出してください。ではいきます。「3、2、1、ハイ！」

⑦前後左右の人とお互いに見せ合ってみてください。

⑧ありがとうございました。モチベーションの低い人もOK。まずは、自分のモチベーションを大切にしながら、少しずつ温めていきましょう。

学校に来ることは、それだけでスゴイこと

子どもたちはさまざまな家庭の事情をもって学校に通います。親がもめている。家族とケンカした。ご飯を食べていない。お風呂も長いこと入ってない。虐待も含めて、子どもたち一人ひとりは、さまざまな生活背景をもっています。学校が唯一のホッとできる場所。給食が主要な栄養供給源というときもあります。友だちとうまくいってない。自分のせいで試合に負けて「心が落ちた」等々。

全員が毎日、元気ハツラツ登校してくるわけではありません。

それでも、子どもたちが学校に通ってくることは、スゴイことです。ただ、それだけでスゴイ。まずは、そのことにちゃんとOKを出しましょう。元気に学校に来る子は、そんなにハードルは越えていませんが、学校に来るのがしんどい子ほど、教室に到着するまでに、たくさんのハードルを越えて、すでにエネルギーを使い果たしています。

「ちゃんとしろ」と言う前に、「よう来たな」「待ってたで」「おはよう」とホスピタリティーな気持ちで子どもたちを迎えましょう。職員室も同じです。

とはいえ、特に中学校では、朝の校門での生徒指導は欠かせません。ギラギラに塗りたくって三倍に大きくなった目。真っキンキンの髪の気。見るからに違う制服。この姿で校門を素通りさせるわけにはいかない。学校には大事なルールがある。朝の校門でのせめぎ合いは、中学校にはつきものです。

そんなときもです。

朝、顔を見るなり「おまえ、何や、そのカッコは！」といきなり怒るのではなく、まずは「おはよう。よう来たな」と学校に無事、登校したことを喜んで迎える。そのうえで、「その服は、あかんやろ」「チョット、話ししよか」と、じっくり、しっかり話をする。最初から、「おまえ、何や」と言われると、子どもたちは、「私が学校に来たことが否定されている」と受けとめます。そうではない。①学校に来てくれたことは、先生はとてもうれしい。②でも、その服装はアカンやろ、としっかりと切り分けて伝えることが肝心です。

下向きの気持ちも、まずはＯＫ。そこから少しずつ「心の体力」を温めて、上向きになる一日を一緒につくっていきましょう。

日頃の体験的な学びが大切

「知っていること」と「できること」は違います。たとえば、ピアノの楽譜が読めても、指使いはドレミから練習しないと弾けないように。少しずつ練習を積み重ねて、できるようになっていきます。子どもたちに「ありがとう」が言えるようになってほしければ、「ありがとうと言いなさい」というよりも、教師自身が、いろんな機会をとらまえて、子どもたちに、「ありがとう」の言葉をかけます。「こんなときにありがとう」と言うのだ。「ありがとう」って言われたらうれしい。そんな「ありがとう」の意味を、子どもたちは体験的に学びます。「ありがとう」は魔法の言葉です。

学齢を問わず、教室に、たくさんの「ありがとう」の言葉を育てましょう。

ACT⑲「じゃんけんポイ、ポイ」

●ねらい

1　前に立つ人に集中し、互いに反応し合う関係を確認する。
2　勝つことでまず練習。その後、負けることを体験することで、わかっていても日常と違う行動をすることはむずかしく、体験的なトレーニングが必要であることを共有する。
3　笑いを生みだし、やわらかい雰囲気をつくる。

●インストラクション例

①「じゃんけんポイ、ポイ」をします。私が「じゃんけんポイ」と言いますので、二度目の「ポイ」のとき、私に勝つものを「あと出し」してください。
②そのとき、「ポイ」と声も出してみてください。ちょっと練習してみます。
③では、本番です。「じゃんけんポイ！」「ポイ」(生徒の声)
④ありがとうございます。では、同じタイミングで負けるのを出してください。いきますよ。「じゃんけんポイ！」「ポイ」(生徒の声)
⑤ありがとうございました。勝つ、負ける。どちらがむずかしかったですか。一般的には、負けるほうがむずかしいです。私たちは、幼稚園や保育所の頃から、じゃんけんを何回もしています。そのたびに、勝とう勝とうとしているので、自動的に「じゃんけん」と聞こえると「勝とう」 としてしまう。「あと出し」なのに、負けるのがむずかしいです。これを体験的な学びといいます。
⑥日々の暮らしで体験的に学んだことは、なかなか変えることがむずかしい。逆に体験的に学んだことは、なかなか忘れないものです。たとえば、コミュニケーションも同じです。「聴き合えばいい」とわかっていても、慣れていないとむずかしい。なので、今からは聴き合うことに慣れるトレーニングを始めていきます。
＊じゃんけんは、何度か繰り返す。最初はゆっくり、だんだんとペースをあげていく。

「子どもがすぐうそをつきます」。そんな教師の悩みを聴くことがあります。本当のことを話さない。次つぎにうそを繰り返す子ども。「どうしてますか」と尋ねると「うそをついたことを注意する」と答える先生が多いです。私もそれでよいと思います。

一つのうそをつくと、それを取り繕うために次のうそを重ねなければなりません。裏切られたことがわかると、本当につらい。信頼関係の構築もむずかしい。子ども時代に、うそはついたらアカンという規範を子どもたちと共有したいものです。でも一方で、うそをつくのにも、いろんな背景や理由があるのだろうと思います。

たとえば、家庭のなかにうそが蔓延していたら。子どもたちは、体験的にうそを重ねることを学びます。親や家族がうそをついている。対面を保つために、外と内の顔が、度を越えて違いすぎる。他人がいると、いいお母さん、お父さんなのに、家庭では暴力をふるう。親が子どもにうそをつき続ける。たとえばＤＶ（ドメスティック・バイオレンス）の家庭では、珍しくない光景です。

さまざまな事情をもつ大人の姿から、子どもたちはうそをつくことを体験的に学んでいきます。体験的な学びの力は強いです。

「うそをついたらアカン！」と教師に注意されても、言葉としては理解できても、行動としてはわからない。その一方で、アチコチにうそがばれないように細心の注意を払い、心は疲れきっている。突き詰められると「わからん」と、とぼけることでしか、身を守れなくなります。

もし、うそを繰り返す子どもがいたら、まずは、うそをしっかりと受けとめて聴いてあげてください。本人の許可を得ることができたら、机に紙を置いて、本人の言葉を可視化していきます。まずは、しっかりと本人の話を発散したら、課題（問題点）を切り分けます。ホワイトボード・ミーティングのスキルを役立てましょう。つじつまが合わないところはどこなのか。子ども自身が気づくよう促します。書いて共有したほうが、圧倒的に事実関係は整理できます。もちろんホットなときは、いったん、クールダウンしてから書き始めます。文字にすることが逆効果なときはしません。

そのうえで、どうすればよいのかを本人に聞いてみましょう。子どもたちは答えをもっています。教師として、どうしてほしいのか、学校として何を求めるのかもしっかりと伝え、子どもたちの自己選択、自己決定を支えます。

うそをつかれたら悲しいし、寂しい。腹も立つ。それは、ちゃんと伝えます。でもそれ以上に、うそをつかなくても大丈夫なことを伝えます。子どもの話に寄り添いながら、うそをつかずに話すプロセスを体験することが肝心です。

うそをつかなくても、ちゃんと信頼関係を構築できること。うそをつくと信頼関係が壊れることを、体験的に学びます。うそに満ちている家庭は、この関係が逆転しています。安心、安全も確保されにくいです。

体験的に学んだことは、体験的に学ぶことでしか変わりにくい。

毎日登校する学校は、体験的な学びを構築できる大切な場所です。すてきな体験をたくさん、積み重ねていきましょう。

聴き合う関係を育む

コミュニケーションも体験的な学びが大きく影響します。そんなつもりはなくても、年齢を重ねるたびに、親の話し方に似てくる。私が怒るのと同じように、上の子が下の子を怒る。そんな経験は、わりとよくあることだと思います。ないですか？

教室のなかに、聴き合う関係を育むときにやりたいアクティビティを紹介します。子どもたちよりも、教師や保護者、地域の集まりなど大人のほうが取り組みやすいアクティビティです。でも、子どもたち同士でも、もちろん可能。参観日に保護者と子どもが交じり合ってやることもあります。

ACT20 ペア・コミュニケーション　好意的な関心の態度で聴き合う

椅子のみ。生徒は二列、あるいは四列で向かい合って着席。

●ねらい

①一対一の関係で、バランスのよい聴き合う関係づくりを育む。
②好意的な関心の態度が「話をしたい」気持ちを促進することを共有する。
③気持ちだけではなく、態度が肝心であることを確認する。
④聴き合うことを通じて、少しの自己開示をおこない、お互いのことを知る。
⑤楽しく、安心して話を聴き合う練習をする。

コミュニケーションの手話。Cの形をつくり、交互に数回、前後に動かします。

●インストラクション例

①今からコミュニケーションのトレーニングを始めます。英語の手話でコミュニケーションは、両手に頭文字の「C」をつくり、双方向に動かします。これがコミュニケーションという手話です。

②私からも行くけど、あなたからも来る。この双方向のバランスのよい対話がコミュニケーションです。しかし私たちのコミュニケーションには、一人ひとり癖があります。ずっと話しっぱなしの人、聴いているだけの人、すぐにバシッと強く返す人、まったく違う方向に話を飛ばす人など。なかなか、この手話のように双方向の対話はむずかしいものです。

③今から、この双方向のコミュニケーションを練習します。テーマを発表するので、決められた時間、前の人と話を聴き合ってもらいます。

話し合うというよりも、お互いに上手に聴き合うことを意識してください。自分ばかりしゃべりすぎない、相手ばかりしゃべりすぎない。お互いに上手に聴き合うということを意識する双方向の対話の練習です。

④最初に握手をして、挨拶や自己紹介をしてください。その後、決められた時間内で、お互いに話を聴き合います。それでは、テーマを発表します。一番、最初のテーマは「○○○○」です。一分間でお互いに上手に聴き合います。では、まずは握手から始めます。用意スタート。

⑤時間になりました。では、片側の列の人が一つずつずれて、新しい人とペアになります。では、次のテーマを発表します。「○○○○」です。時間は二分です。まずは握手から始めてください。用意スタート！（同様に、あと一つくらいを三分間で実施する）

⑥これまで三つのテーマに沿って話を聴き合ってもらいました。次が最後です。今まで、どうも自分ばっかりしゃべっているなと思う人は、最後は聴くほうをがんばってください。どうも聴いてばっかりであんまりしゃべれてないと思う人は、最後はがんばってしゃべってみましょう。こうしてバランスを整えていきます。それでは最後のテーマを発表します。○○についてです。では、握手から。

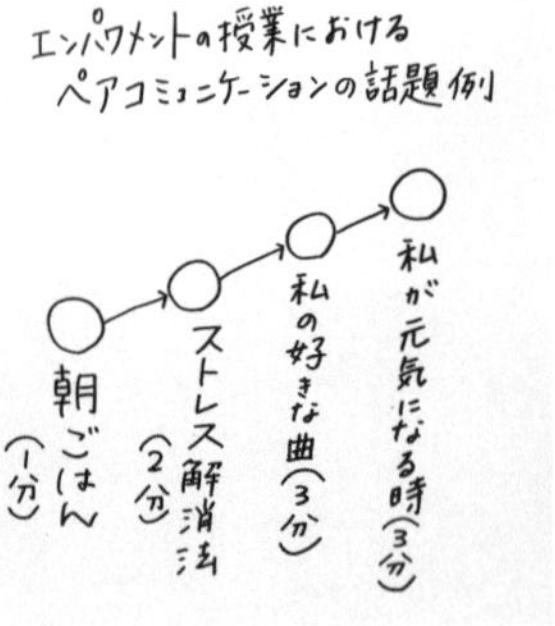
エンパワメントの授業における
ペアコミュニケーションの話題例
朝ごはん（1分）
ストレス解消法（2分）
私の好きな曲（3分）
私が元気になる時（3分）

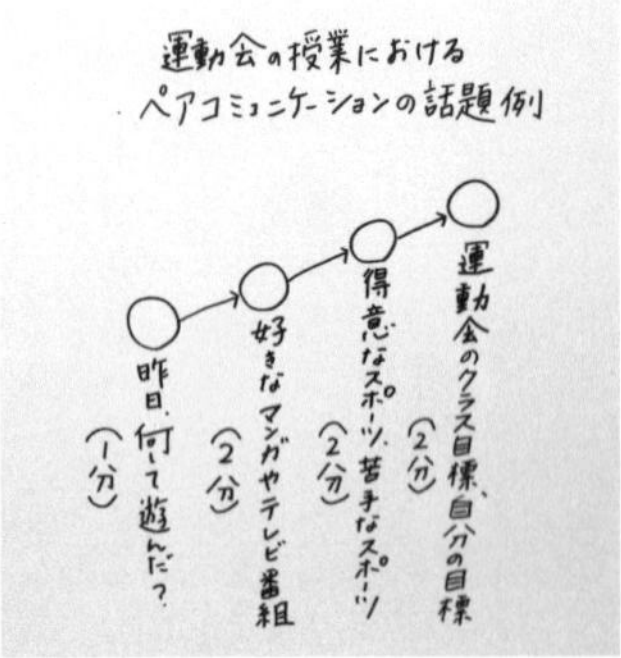
運動会の授業における
ペアコミュニケーションの話題例
昨日、何して遊んだ？（1分）
好きなマンガやテレビ番組（2分）
得意なスポーツ、苦手なスポーツ（2分）
運動会のクラス目標、自分の目標（2分）

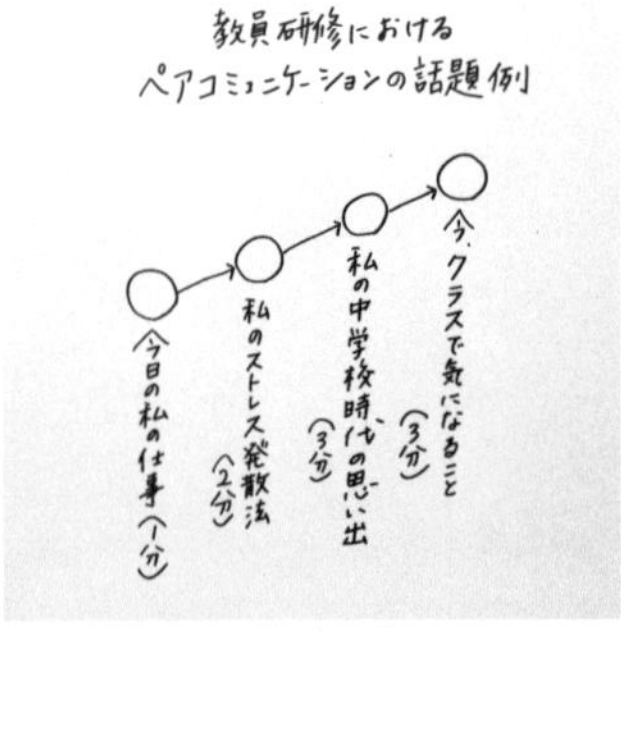
教員研修における
ペアコミュニケーションの話題例
今日の私の仕事（1分）
私のストレス発散法（2分）
私の中学校時代の思い出（3分）
今、クラスで気になること（3分）

ACT㉑「はい、いは」

●インストラクション例

①前の人とペアになります。お互いに手を出し合って、片手ずつ交互に重ね合わせます。

②私が「はい」と言ったら、一番上にある手を一番下にします。逆に「いは」と言ったら、一番下にある手を一番上にします。

③では、前の人と手を合わせてみましょう。そのとき、一つ相手に確認してほしいことがあります。私たちのなかには、人と手を重ねるということが苦手な人がいます。必ず、相手に「いいですか」と確認をしてから、手を重ねるようにしましょう。もし、手を重ねるのがダメな場合は、少し、浮かしてやってください。

④それでは、まず練習です。もう一度ルールを確認します。「はい」と言ったら、一番上の手が一番下。「いは」と言ったら、一番下の手が一番上にきます。では、やります（一回目は練習、二回目を本番にして盛り上げる。最初は「はい」を繰り返す。「はい」がベースで、「いは」はイレギュラー。イレギュラーのつくりだすズレを笑いに変える）。

⑤では、今度は四人でグループになってやりましょう。ルールは同じです。忘れないように確認し合ってから手を重ねてください。

⑥お疲れさまでした。では、次からはこの四人のグループで活動をします。四人で向き合って座ってください。

教室にやわらかい関係を育む

よく聞く言葉があります。「研修ではアクティビティが成立しても、教室では成立しない」「うちの子どもたちにはできない」。はい、よくわかります。

子どもたちをアクティビティのフレームに合わせようとすると失敗することが多いものです。ゲームとして成立しているかどうかにとらわれすぎて、肝心のコンテンツが逆行している場面もよく見ます。一〇八ページを参考に、スモールステップを積み重ねていく工夫をしましょう。子どもたちの状況に合わせて、アクティビティをアレンジしていきます。

スモールステップがデザインできないと、「そこ、ちゃんとしなさい」「なんで、できへんの」「もっと、早く動いて」などのキツ〜イ指示や怒鳴り声のアプローチになりがちです。間違いです。やめましょう。

アクティビティに挑戦する子どもたちに寄り添い、観察し、できない子どもを励ます。がんばって力を合わせた子どもたちを勇気づける。子どもたちと一緒にふりかえる。次の目標を一緒に考える。これが教師の役割だと思います。好意的な関心があるからこそ、ここぞという教師の迫力ある言葉に魂がこもります。子どもたちと共通のゴールを見据えながら、共に歩んでいきましょう。

子どもたちの言葉がキツイのも、よくある光景です。「あともう少しで成功だ」というときに失敗してしまった子に対して「うざい」「死ね」「あんたのせいや」と情け容赦ない罵声を浴びせる。失敗した子は泣き出してゲームが中断することもあります。

それもチャンスととらえて、いったんゲームを中断し、みんなで円になって座って、「今のこと、どう思う?」「どうすれば、うまくいくと思う?」と子どもたちとじっくり話し合う機会にし、次に進むプロセスとしたいものです。

しんどいなあと思う状況としては、泣いている子を別室や廊下に連れ出して教師が付き添い、ほかの子は待たされてしまっている。そのうちに、すっかりしらけてしまっている光景です。待たされている子どもたちの「最初は楽しかった気持ち」が、だんだん「なんでこんなことせなあかんの?」と冷めていくプロセスは、クラスをやる気のない集団へと加速させます。本末転倒です。

泣いた子がクールダウンできる場所を確保することは必要です。このような状況が予測されるときは、クールダウンを担当するサポート教員やボランティアを依頼しておきましょう。そして、泣いていた子が戻ってきたときには、一歩、歩みを進めた集団が、ちゃんと受け入れてくれる。そんな体験を積み重ねます。

また、子どもたちの言葉は具体的にどんなふうにキツイのか、ホワイトボード・ミーティングで共有してみましょう。意見を発散し、可視化したら課題を切り分けて、何に取り組むのかを決め、子どもたちの言葉がやわらかくなるプログラムを組んでみます。また、子どもたちの意見もしっかり聴いてみてください。

教室のなかで、言葉の規範をつくり、集団の一体感を高めるのにお勧めのアクティビティを紹介します。「コミュニケーショントレーニングとしてのフラフープ」です。
このプロセスを感じてみてください。

ACT㉒ コミュニケーショントレーニングとしてのフラフープ

教室のなかに、どんな声を育みたい?

●目的

①教室のなかに蔓延する「キツイ言葉」を「キツイ言葉」として共有する。
②教室のなかに、「やわらかい言葉」「温める言葉」を育む。
③子どもたちのなかに、段階的に困難や課題を設定し、それを乗り越えるスモールステップを積み上げる。
④教師から励ましや勇気づけの言葉をかける。褒め言葉をかけるチャンスをつくる。
⑤教室のなかに一体感、達成感を育む。

●準備物など

①フラフープ（班の数）
②動きやすい服装
③適度な広さの教室←体育館、野外よりも、多目的室などがお勧め

●進め方

①クラスのなかで簡単な「反応を育むゲーム」（例：「じゃんけんポイ、ポイ」など）でウォーミングアップ。

②子どもたちとルールを共有する。

「失敗したときに言われたら『心の体力』が冷める言葉を言わない」具体例を子どもたちから回収する。

うざい／死ね／トロイ／ちゃんとせーや／はよせえ！　など

「代わりにどんな言葉を言えば心の体力を温め、力を発揮できるか」具体例を回収する。

がんばれ／大丈夫／ドンマイ／次、がんばろ／いけるいける　など

③具体例のなかから、失敗したときにかける「心の体力を温める言葉」をルールとして決め、共有する。

④班でフラフープをくぐる（必ずモデル班にやってみせてもらう）。

⑤上手にできたら、みんなで拍手。

⑥各班で練習。くぐれたら全員が座る。早く座ったグループに点数。人数やそれ以外の理由でハンディがある場合の工夫を共有する。公平性、透明性を保つことを忘れない。

⑦班ごとに競争する。優勝した班に拍手。

⑧クラスを二つに分けてやる。どうやったら途切れずに早くできるか。話し合い、子どもたちの言葉を拾って、あらたなルールや工夫を共有する。

⑨二つのグループで競う。

⑩最後にクラス全員でやってみる。どうやったら途切れずに成立するか、また、早くできるか。知恵を

出し合う。

⑪ふりかえりで、一人ひとこと発言する。「2《ツー》クラップ」で回す。

⑫教師はスモールステップ達成を具体的な言葉で子どもたちに返して勇気づける（勇気づけだけでよい）。

このようなアクティビティを重ねて、子どもたちのなかに、励まし合う言葉、安心できる言葉はこれなんだという規範を育みます。そして、小さなグループから一つのクラスとして、まとまる流れや一体感を共有しましょう。だんだんと、子どもたちの波長も合ってきます。

そして、子どもたちがフラフープに取り組んでいる間、教師は子どもたちに声をかけ続けます。「ＯＫ、ＯＫ」「いいよ、いいよ」「うまい」「大丈夫」「がんばれ！」。たくさんの安心する言葉、力がわく言葉をかけられた子どもたちは、体験的な学びから、同じように友だちに声をかけることをきっと学ぶことでしょう。そして、子どもたちの力を信じてバトンを渡していきましょう。

exercise ⑩

あなたのクラス、授業で子どもたちが体験的に学んでいる言葉や行動を三つ書き出してみましょう。これから、あなたは子どもたちと、どんな言葉を体験的に学んでいきたいですか。さらに三つあげましょう。

ACT㉓「2《ツー》クラップ」

●インストラクション例

①サークルで床や椅子に着席。

②１人ひとことずつ感想を言います。言い終わったら、私が「せいのーでー」と言いますから、拍手を２回ください。では、やってみましょう。せいのーでー（パンパン）。

③はい。ＯＫです。こうやって、１人ずつ感想を回していきます。ふりかえりの時間は全部で○分。これを○人で上手に共有します。

④なので、一人ひとりが話す時間はあまりありません。でも、「楽しかった」とか「おもしろくなかった」のひとことだけではなく、何が楽しかったのか、何がおもしろくなかったのかが、わかるように発言してください。

⑤では、始めましょう。私の隣の人から順番に回っていきます。
では、お願いします。

参考文献

ちょんせいこ『人やまちが元気になるファシリテーター入門講座――17日で学ぶスキルとマインド』解放出版社
ちょんせいこ「学校が元気になるちょんせいこのファシリテーションDiary」解放教育研究所編、月刊『解放教育』第四七四〜四九六号、明治図書
森実・新保真紀子監修／大阪府人権教育研究協議会編・発行『わたし　出会い　発見Part6』
田中文子「子どもと大人のパートナーシップをめざして」月刊『Volo（ウォロ）』二〇〇六年五月号、四一五号、大阪ボランティア協会
峯本耕治「脅かされる子どもたちの成長発達」月刊『少年育成』通巻六三一〜六三三号、社団法人大阪少年補導協会
山野則子・峯本耕治編著『スクールソーシャルワークの可能性――学校と福祉の協働・大阪からの発信』ミネルヴァ書房
山中康裕監修『親に暴力をふるう子どもの心がわかる本』講談社
吐山継彦『市民ライター入門講座――デジタルライターのすすめ』発売元・総合電子出版社
鎌田實『がんばらない』集英社文庫
鎌田實『あきらめない』集英社文庫
北村俊彦『小さな指に優しいリコーダー指導――小学三年〜六年生』小学館

あとがき

人生において、いろんな失敗や間違いを繰り返してきた私が、こんな本を書いていいのかしら。原稿執筆中は、そんな思いが常に頭のどこかにありました。それでも、何とか書き続けたのは、いろんな教室におじゃまして、子どもたちや先生方と出会うたびに、失敗や間違った経験から学んだことを「技術」として整理し、伝えたいと思ったからにほかなりません。具体的なスキルとマインドを広めることが、自分の役割と感じています。

自分の子ども時代をふりかえると、私は教師にとってけっして「やりやすい子」ではありませんでした。特に子どもをコントロールしようとする先生や、信頼がないと「判断」した先生には、さまざまな反発を繰り返しました。この場を借りて謝ります。ごめんなさい。

そんな経験を含めて。私にとって学校生活は、総じて、楽しく貴重なものでした。

忘れられない光景があります。中学生のとき、私は友だちから浮いていた時期がありました。生徒会活動をしていた当時の私は、トゲトゲ状態。今思えば、そりゃ、浮くわな……と自分でも思いますが、私自身はずいぶんと孤立を深めていました。

人前では勇ましいのですが、あまりの勇ましさに同級生との距離は広がる一方。「いきりすぎ」（はりきりすぎ）という友だちの何気ない言葉に傷つきながらも、顔には出せない。一方で教師の「がんばりや」の声には必要以上に応えてしまう。思春期まっただなかの私は、がんじがらめ状態でした。

そんなある日。中学三年生の担任だった近藤欽一先生が、私にこんな言葉をかけてくれました。

「あんたも、いろいろしんどいなあ」

私は、その言葉に堰《せき》を切ったように泣き出してしまいました。それまで、なぜか口にすることができなかった、たった一言の「しんどいなあ」の言葉。私は「しんどい」なんて意識したことはなかったけど、近藤先生は言葉にしてくれたのです。私はこのとき、息ができないくらいに泣き続けて、ずいぶんと楽になりました。共感ということを体験的に学んだ瞬間でした。

自分に共感してくれる人、わかってくれる人がいることは、とてもエンパワメントなことです。

退職された近藤先生は、現在、煎茶の先生をされています。先日、招待していただいたお茶会で、たまたま中学一年生の担任だった糸井川洋子先生（旧姓・水谷）、二年生の担任だった白樫啓子先生と同席する機会を得ました。退職後もつながる先生方の姿は、私にとっても、うれしいものです。

小学校、中学校、高校、大学。それぞれに印象的な先生との出会いがありました。すべて紹介できずごめんなさい。また、学校だけにとどまらず、多くの出会いに恵まれました。出会いはホントに大切です。

本文中にもふれていますが、子どもは学校を選ぶことはできません。レストランに入って、価格のわりにサービスも悪く、まずいと思ったら、私たちには、いくつかの選択肢が用意されます。①もう行かない、②たまになら行く、③我慢して通い続ける。私は、間違いなく①を選びます。対価を支払う消費行動は、自己選択、自己決定が基本です。

しかし、義務教育においては、たまたま同じ年に近所に生まれた子と友だち関係を形成し、住んでいる地域の学校に通います。もちろん、やむをえない事情がある場合は、転校することもできますが、それには大きなリスクが伴います。基本的に学校を選べない。子どもは学校のお客様にはなれないのです。

では、どうすればいいのでしょうか。

私は、子どもたちが学校運営のパートナーになるしか方法はないと思います。レストランなら、経営者側に参画してもらう。学齢に応じて、子どもたちの役割を話し合い、子どもたちの意見を聴き、調整しながら進めるのが一番、良い方法だと思うのです。

経営者側に立てば、「まずい」「サービスが悪い」と文句を言うのではなく、「どうすれば、安くておいしいメニューができるか」を共に考えるクリエイティブな関係を構築できます。そんなとき、異なる立場の人が、互いの多様性を活かしながら共通のゴールを創り出すファシリテーションは、きっと大きな力を発揮してくれると思います。

本書の執筆にあたって、ファシリテーションの醍醐味《だいごみ》や具体的な活用場面、方法、効果を文字化することは、とてもむずかしい作業でした。私の筆力がいたらず、わかりにくい表現になっていることをお詫びいたします。また、いろんな教室におじゃまするたびに、紹介したいアクティビティが増えていくのですが、そのすべてを紹介できているわけではありません。その点もご容赦ください。いつかどこかで、実際のファシリテーション場面にご参加いただけたらと思います。大事なことなんですが、実際の会議で書き留めるホワイトボードの文字は、この本に掲載している写真より、一〇倍は汚くてグチャグチャです。そこがホワイトボード・ミーティングのいいところです。各地で会議が変わってきています。

神村早織さんとは、同名の講座「学校が元気になるファシリテーター入門講座」で、リアルな現場課題を解決するトレーニングに一緒に取り組んできました。イラスト担当のおおもとのりこさん&ご家族には、私の筆力の弱さを補っていただきました。編集の加藤登美子さん、装丁の畑佐実さん、レイアウトの伊原秀夫さんには、第一冊目同様、大変、お世話をおかけしました。本当にありがとうございます。

小学校に入学して、しっかりし始めた甥っ子陽向《ひなた》。狭い車中で、佐藤健と木村拓哉はどっちがカッコイイかという、無益な論争に巻き込んでくれる姪っ子の久瑠美（小六）、帆乃夏（中一）、思春期真っ盛り。親には授業参観や運動会に来てほしくない次男未輝《ミフィ》（中二）、自分の生きる道を考え始めた長男月跳《ウォルト》（高二）。五人からは、ホントにたくさんのことを学んでいます。好意的な関心の態度は、カウンセラーの守屋奈美枝先生から学びました。森実さん（大阪教育大学）にも感謝です。

私たち一人ひとりは、本来、力をもっている。

「心の体力」を温めながら、これからもファシリテーターとして、多くの人に出会っていきたいと思います。これまで出会ったすべての子どもたち、先生方、そして、この本を最後まで読んでくださったあなたに、心から感謝いたします。ありがとうございました。

二〇〇九年二月

ちょん せいこ

ちょん せいこ（人まちファシリテーション工房）

株式会社ひとまち代表取締役。ファシリテーター養成師。大阪府在住。

ホワイトボード・ミーティング®を提唱し、主に会議や研修、事業推進におけるファシリテーター養成に取り組む。

トレーニングには、ボランティア、NPO、自治体、システムエンジニア、ビジネスコンサルタントなど、多様な人が集まる。

教育現場でも公開授業や授業指導を進めている。

主な著書に『ファシリテーターになろう！―6つの技術と10のアクティビティ』『元気になる会議―ホワイトボードミーティングのすすめ方』『よくわかる学級ファシリテーション』シリーズ4冊（いずれも解放出版社）、『話し合い活動ステップアッププラン』（小学館）などがある。

http://wbmf.info/

学校が元気になるファシリテーター入門講座
――15日で学ぶスキルとマインド

2009年4月20日　初版第1刷発行
2014年12月10日　初版第6刷発行

著　者　ちょん せいこ©
発　行　株式会社 解放出版社
552-0001　大阪市港区波除4-1-37 HRCビル3F
TEL 06-6581-8542　FAX 06-6581-8552
東京営業所　千代田区神田神保町2-23　アセンド神保町3F
TEL 03-5213-4771　FAX 03-3230-1600
振替 00900-4-75417
ホームページ http://kaihou-s.com
印刷・製本　㈱NPCコーポレーション

定価はカバーに表示しております。落丁・乱丁おとりかえします。

ISBN978-4-7592-2142-8　NDC370 190P 21cm